Ⅲ　訳法の種類

1) 学校文法どおりの直訳
2) 超直訳
3) 直訳まじりの意訳
4) 全面意訳
5) 超意訳（翻案に近い）

＊同一センテンス内でも以上の五訳法が混用されうる。

Ⅳ　日本語、特に「辞」の活用

1) 「あげ・くれる」「やり・もらい」法、敬語などによる大幅な省略
2) 体言どめ、時制転換などによる訳文の変化づけ
3) その他の例
   - 「の」一語で逆転する文意
   - 「です」調の文に変化をつける方法
   - 接続詞「や」を厳密に使うための提案

Ⅴ　結　論

⇒「不即不離」の条件内で「自己発見」による新手法を自由に活用されたし。

その他の項目例

- 誤訳発見のための「挟み打ち戦法」
- 「逆発想」英和翻訳法
- 主語を副詞として訳す「くだき方」
- 「能動形容詞」と「受動形容詞」
- ほとんどの英単語は「多品詞語」
- 辞書の手早い引き方

英和翻訳の原理・技法

中村保男 著

竹下和男（株式会社サン・フレア） 企画・制作

日外アソシエーツ

All about English-Japanese Translation

© Yasuo Nakamura 2003

Produced by
Kazuo Takeshita (SunFlare Co., Ltd.)

Nichigai Associates, Inc.
Printed in Japan

装 丁:熊谷 博人

はじめに

（Ⅰ）

　英語文のからくりが「見えて」きて、しかも自分の知っている日本語を十二分に活用できるばかりか、日本語の再学習によって、これまでは使えなかった言い回しなどを自由に英語に当てはめることができれば、いかに淀みなくすらすらと英和翻訳をこなせることだろうか。

　そういう夢のような望みを抱いたことのない人はいないだろう。その夢の実現に一歩でも近づくお手伝いをするのが本書の目的である。

　英文が透けて見えてくる境地に達すること、それがいわゆる語学の最終目標であり、ひるがえって、見えてきた英文を、読者の心に強く訴える日本語文へと転化させるべく工夫を凝らすこと、それが厳密な意味での「翻訳」の究極目的にほかならない。

　だが、それは互いに反撥し合う二つの極であって、ひとりの日本人がその両方をこなすことは至難の業なのだ、というのがかつては常識になっていた——からこそ翻訳は原文に忠実である時には、喚起力や説得力という魅力を欠く味気ない作文にしかなりえず、読んで快感を覚える良質の日本語になっている時には、原文の意味内容を正しく伝えていない不埒な創作ないしは「超訳」にすぎない、という意味で次のような格言が言い古されてきたのである。

　　　　翻訳という女は、相手に忠実だと糠味噌くさく、美人だとふしだらになる。

　こういう通念に「否！」と叫び、正しくて、しかも魅力こぼれる訳文を生み出すことも工夫しだいでは不可能にあらざることを例証し、その工夫の仕方、すなわち「こつ」を読者に会得して頂くこと、それが本書の目的

はじめに

なのである。

　単純に分けて考えると、英文の意味内容を的確に伝える「正訳」を綴るのがいわゆる語学であって、その正訳に基づいて趣のある「名訳」を創り出すのが「翻訳」なのだ、と言えるならば、本書はいわゆる語学と創造的な美学との統合である「新しい語学」の書なのである。

　その「新語学」とは、英文法というひとつの法則だけに偏らずに、まだ文法が整備されていない現代日本語と、伝統的な和語とによる文章作法にも充分に目を注いで、単なる英語力でも日本語力でもない両面的な全体感覚、すなわち平衡感覚にもとづく「日英語間をとりもつ仲人としての関係語学」にほかならないのだ。

　翻訳の対象である英語の文法、語法、慣用のみならず、翻訳の受け皿である日本語そのものの独自性を常に意識して活用することを重視するのが「新語学」の特徴なのだ。

　例えば英独翻訳では、英和翻訳よりも遥かに多く法則や定石を設けることができるのにたいして、英語と独語のように同一言語系に属してはいない孤立した言語である日本語への翻訳には、法則化が不可能な領域があまりにも多くて広すぎるため、規則的にではなく、そのつど臨機応変に対処しなければならない場合が多く、そこでは訳者個人の手探りによる折々の問題解決にまたねばならないのが現実なのであり、かりに規則を設けてみても、それが一回ないし数回しか通用しない領域のほうが多いくらいなのだ。

　そういう「空白地帯」をいわば埋める組織的、体系的な方法が見つかっていない以上、長期間の徒弟制修業による職人芸的な「親指のルール」である勘や「こつ」の習得が必要とされてきたのだが、その勘や「こつ」の育み方の基本を私は「原理」と称してみたのである。

　繰り返し述べれば、翻訳の受け皿としての日本語の特性そのものを（時には翻訳には不向きなものとされている特性も含めて）活かすことによっ

て、現実にはまず不可能と考えられてきた「正確な意訳」「美しい正訳」を可能にしてくれる「生の飛躍」ならぬ「生の翻躍」である柔軟な力動的（ダイナミック）対応そのものの仕方のことを私は翻訳の「原理」と名づけたわけなのであって、その意味では、本書第三部の「日本語の長短」から読み始めることをお奨めしたい。

　だが、他のところでは巻末近くの「むすび」から本書の世界に入るのが至当かもしれない旨を記してもいるので、結局は、どの章からお読みになるのも読者の自由であり、いかなる順序で読まれようとも、到達点である出口は同じになるように本書は組み立てられている。

　古来の日本語は、整合性にこだわる体系意識過剰な、論理本位の西欧諸国語とは、著しく異なって、主に情理と自然的感性の自由な表現を許してきた言語として存立してきたのであり、それゆえ、日本語にあっては、日常表現は「語り」を志向し、詠嘆は「歌」に収斂される。

　そういう日本語を受け皿とする英和翻訳は、読み物の場合、「論」という知の要素よりも、常に語勢という力ないしは血の要素に異国語を還元しようとするる営みであっても不思議ではない。

　以上が本書の起結、すなわち本書の「イロハにしてオメガ」である。

（Ⅱ）

　学生時代に翻訳の仕事を始めてから、満70歳の現在までかれこれ半世紀、いろいろな分野の色とりどりの作品を手がけるかたわら、翻訳や言語、日本語や英語についての単行本を10点あまり出版したほか、大小さまざまの記事を雑誌に発表してきた。

　上記の単行本のなかには、辞典のたぐいも含まれているが、平成14年7月に研究社から「新編」が出た『英和翻訳表現辞典』は分量の点では私の著作中最大のもので、性格としては主に語句の訳し方を辞書形式で示した

はじめに

ものである。

　その企画（「新編」編纂の話）が完全に具体化する以前に、私の翻訳術指南の著作内容をまとめた教則本を出してみないかという依頼が、私のこれまでの翻訳関係の仕事に目をつけた（株）サン・フレアの竹下和男氏よりあった。かねてから、何冊かの本に分散していた私なりの翻訳論や教則本的な著作を1巻の総集編にまとめたいとひそかに念じていた私の気持にそれがぴったり合った上に、古今の英語関係の辞書や著作に精通し、日本英語教育史学会の会員でもある竹下氏の熱誠のこもった説得ぶりに、めざす本の性格についての若干の食い違いなどはものの数ではなく、相互に歩み寄って、本書の題名と内容が決定された。

　『新編・英和翻訳表現辞典』は語句に中心を置いて、その訳し方を伝授することを目的とした教材であるのにたいして、本書は語句に限らず、節（clause）や文（sentence）へと対象をひろげ、時には段落（paragraph）や章（chapter）までも視野に収め、大局的な立場から訳文を構成する方法を説くことを大きな眼目とした指南の書である。つまりは、『翻訳表現辞典』で語句の意味とその訳し方のこつをつかみ、本書で訳文全体のまとめ方を習得する、という学習分担態勢が出来ているので、そのように両書を関連づけて、翻訳作業という車輌の両輪として活用されることをお勧めしたい。

　本書の内容は、これまでの私の仕事をまとめたひとつの総集編であることはすでに述べたとおりだが、だからと言って、過去の著作をそのまま集めて編纂しただけの「論集」ではなく、絶版となった拙著から引き継いで再録した一部の用例を除き、文の大半は書き下ろしであり、既著から転用した用例も、その訳し方はあらたに工夫されたものである。そして何よりも、翻訳者としての私が辿り着いた一応の結論と、これまでには触れられなかった事項についての説明も付されていることを特記しておく。

　要約すると、本書の目的は、無限にありうる英和翻訳の個々の手法や技術そのものを、規則または定石として読者の直接使用に供することより

は、それらの限界を超え、あらゆる可能な英語表現に対処できる力をつける勘ないしは「こつ」が自然と身につくようにすることにある。本書全体としてそれが成功しているか否かは読者の判断に委ねるが、本書の要語 (key words) である「全体感覚」や「意味内容と表現形態の均衡」といった用語は、この目的達成のために不可欠なものなのだ。

　詳しくは巻末近くの「むすび」や「内容紹介」、そして索引をまずお読み頂くことをお勧めしておくが、ここでは、個々の技法を組み合わせて訳文を構築する力が「全体感覚」にほかならないと理解して頂きたい。個々の技法は全体把握の枠内においてのみ実効を発揮できるのであり、全体の構成は各技法という要素によって支えられる。一口で言えば、それが本書における第一の翻訳原理なのである。

＊

　前述の『英和翻訳表現辞典』にも個々の技法の一部を紹介しておいたが、それは同辞典に挙げた用例の原文と訳文との橋渡しをするのに必要最低限の鍵として、散発的、断片的に記述されているのみで、各技法間のつながりや全体構成との関連までは論じられていないので、本書でその空隙を埋めてゆくつもりだ。

　本書の読み方についてひとこと記しておく。これまでに紹介した内容のすべてを整理したかたちで体系的に説明できればそれに越したことはないが、その内容の性質と、論文体よりは随筆調を好む私の気質のせいで、個々の論点がとびとびに展開する場合が多い。

　そこで、読者も各項目の配列順序にはあまりこだわらずに全体を「通読」されて、本書の全内容の舌ざわりを感得して頂きたい。そうしてこそ味がでるようなものとして作られたのが本書なのである。例えば第8章の「主語と格」は、第22章の「日本語の長短」と絡み合っているので、その両方を頭の中で関連づけることができれば、個々の項目だけに集中するよ

りも本書の論旨がずっとはっきりするはずである。

なお、私は自分の文章を書く際には現代仮名遣いによらず、「正かなづかひ」を用いることにしているが、本書は英語交りの横書きの本であるため、この戒を破る。一日も早く仮名遣いが正常化されることを望むものである。

翻訳開眼への道

英語学習者はどのような修業を経て、翻訳開眼を果たすのか。私自身や友人たちの経験を記しておく。有益な参考となることを願っている。

終戦の少し前から英語を本格的に学び始めた中学生の私は、まずそれまでは断片的にしか頭に入っていなかった英語教科書の内容を全部復習*して、授業に追いつき、さらには高校で学ぶ分まで学びとってしまうと、英字新聞 The Japan Times を講読し、その社説から広告欄まで全紙面を読破することを日課として、それができるようになると、出来たばかりのCIE英書図書館にかよって一冊2週間の期限で借りてきた英書に数年間読みふけり、大学に入る頃には何篇かの短編を（もちろん出版の当てなどなく）訳していた。(*その方法は24頁末から25頁にかけてと、130頁とに分けて記してある)。

教養学部時代に文芸評論家で翻訳もしていた福田恒存先生と知り合い、早速、翻訳の手伝いをさせて頂き、大学を出る頃には、翻訳家として自立していた。翻訳開眼したのは、いつだったか、特に劇的な瞬間は記憶にないが、手製の単語カードで英単語を数多く暗記したのと、英文法や英作文も徹底的に学習したのが積み重なって、翻訳修業の基本であるいわゆる語学力が習得でき、まだ自分なりの翻訳文体が固まっていないうちに、福田先生のお蔭で翻訳家になることができたために仕事をやりながら文体を模索し、やっと近年になって、自分なりの翻訳原理と文体を身につけることができた。そういう迂路を辿ることができたのは、世間も、出版事情も今

では想像もできないほど自由で、活発、かつ安定していたお蔭だったと思う。よい時代とよき師にめぐり合わせたことを私は天地人に感謝している。

次は私より一回り年下の友人たち三人の翻訳開眼体験記である。三人とも自分の目標をはっきりと見定めて、それに向かって一心不乱に邁進できたからこそ成功したのである。

N君は、専攻は美学だったが、私と知り合った頃にはコリン・ウィルソンなどの著作に関心を寄せ、それを私と共訳するようになる頃から、私の訳書とその原書を対訳的に読みくらべ、原訳の関係を徹底的に分析して、ついには「中村さんの翻訳の秘密を盗みましたよ」と言い切れるようになるまで研鑽を積み、現在は地方在住の身でありながら、次々に訳書を発表し、先日も「翻訳をやっていてよかったとつくづく思います」と電信してきた。

O君は英文の専攻で、大学院を出ると、高校の教師になったが、暇を見ては英語の小説に読みふけり、大学卒業後も語学力の向上に励み、私が訳監もつとめた共訳の仕事で一気に翻訳開眼を果たした。すでに語学力は万全だったが、日本語の表現力に多少の難があったのが、訳文に私が施した添削を参考にして、自分の訳文をやはり徹底的に洗いなおした結果、一挙にそれが以前とは見違えるほど良質のものとなり、今でも本職のかたわら翻訳の仕事を続けている。ある雑誌に載ったO君訳の短編にたいして、読者から「Oという翻訳者はどういう方なのですか」という異例の問合せがあったほど、その訳業は冴えていたのだ。

Fさんの場合は、主婦業も兼ねながらの作家だったが、あるとき『英和翻訳表現辞典』を文字どおり読破して、現在では年に数冊の割で訳書を発表している。Fさんのいわく、あの辞典は、他の人には読まれないように秘密にしておきたかったそうである。著者冥利につきる、という表現があるならば、Fさんのこの評がそれである。

最後に、ある科学啓蒙書を翻訳学校の生徒およそ二十人に分担しても

はじめに

らって訳した時の逸話を紹介しておこう。その二十人近くの翻訳志望者のうち一人は「翻訳ってこんなに面白いものだとは知りませんでした。一生、続けたいものです」と語ったのにたいして、別の一人は「翻訳って、こんなにこわいものとは知りませんでした。もう、一生、やりません」と宣言したのである。

　読者は本書を読み終えたとき、いずれの道を選ぶだろうか。全員が第一の道へ進まれますように。

目　次

　　はじめに（附・翻訳開眼への道）……………………………… 3
　　序　章　翻訳とは何か ………………………………………… 13
　　　　　　英和翻訳の意義 …………………………………………… 17

第一部　英和翻訳技法
　　第1章　総　論 ………………………………………………… 23
　　第2章　省略の秘訣 …………………………………………… 30
　　第3章　補充訳 ………………………………………………… 34
　　第4章　頭から訳す技法 ……………………………………… 40
　　第5章　構文を変える ………………………………………… 53
　　第6章　態の転換 ……………………………………………… 63
　　第7章　品詞転換 ……………………………………………… 71
　　第8章　主語と格 ……………………………………………… 76
　　第9章　時制と話法 …………………………………………… 82
　　第10章　諺・慣用句・洒落そして比喩 …………………… 92

第二部　英和翻訳特論
　　第11章　日英語間の往復通行 ……………………………… 113
　　第12章　不即不離の原理 …………………………………… 133
　　第13章　誤訳の発見と予防 ………………………………… 147

第14章　問題点さまざま ……………………………… 165
　　その1　中断文の訳し方 ……………………………… 165
　　その2　視点の問題 …………………………………… 167
　　その3　文体小論 ……………………………………… 169
　　その4　訳注の問題 …………………………………… 176

第三部　英和翻訳詳論

第15章　段階的翻訳術 ……………………………… 181
第16章　和文和訳と中間訳 ………………………… 185
第17章　国語力と英語力 …………………………… 192
第18章　全体と細部 ………………………………… 197
第19章　内容と形式 ………………………………… 199
第20章　易しそうな難語と難文 …………………… 203
第21章　英語学習の盲点 …………………………… 215
第22章　日本語の長短 ……………………………… 231
第23章　最後に大切なこと3題 …………………… 242
　　その1　翻訳は原作者との勝負である ……………… 242
　　その2　誰のために訳すのか ………………………… 247
　　その3　補足事項 ……………………………………… 252

むすび ……………………………………………………… 261
解　答 ……………………………………………………… 266
索　引 ……………………………………………………… 269

序章　翻訳とは何か

　横のものを縦にする、あるいはABCDEF…のAを「あ」、Bを「い」、Cを「う」、Dを「え」と書き換えることが翻訳であったならば、しごく簡単に電脳で全部、処理できる。

　実際には、I drink water. という三語文を和訳するには、<I＝私、drink＝飲む、water＝水>のように三つの日本語を選んで、英文と同じ順序で「私、飲む、水」とそれを並べるだけでよいというのが、よく言われる一対一対応"翻訳"の極端な例であるが、もちろん、それでは本当の翻訳ではなく、ある文字や記号を他種の文字や記号に書き換えるだけの転写でしかない。

　一対一対応の転写が翻訳ではないということは、I drink water. の正しい和訳は5語から成っていて、語順も転写とは違って、「私は水を飲む」のようになる、ということから自明の理である。そこまでは、誰もが半ば本能的に知っている。

　ところが、原文が少し長くなったり、構文が入り組んできたりすると、この基本がつい忘れ去られてしまう。それが、日本人がいくら英語を習っても、うまく英文和訳が出来るようにならない最大の理由なのだ。ひとつ、実例でそれを示しておこう。（　）内が正解である。

　　　One way for them to solve these problems is to move to other countries.
　　　（その人たちにとって、こうした問題を解決する一法は、外国に引っ越すことである）。

　I drink water. という短文では、普通動詞 drink が「私は」と「水を」を結ぶ役目を果たしていた。それと同じような役目をbe動詞（上例文ではis）が果たすこともある。以上の文法知識と、ある程度の単語力さえあれば、上

記のように正解できるのに、問題文を一語一語精読し、各語を関連づけようとする根気がないばかりに、次のように誤訳してしまう人がいる。

> 彼らにとっての一つの方法は、これらの問題を解決して、他の国に引っ越すことだ。

あまり良い例ではなかったが、文の中心を成すつなぎの動詞はどれであるかを突きとめることが、英和翻訳では如何に大切であるかが、これでお解りいただけたろう。文の基本は「主語」（または「主部」）と「目的（語）」と、その二つを結びつける（他）動詞にある、ということさえ解っていれば、あとは全部、付属品みたいなものなのである。（「主語」と自動詞だけの文もありうることは言うまでもない）。

しかし、それと同時に、一対一対応方式では、いくらそれをゆるやかな方式として応用しても、適訳文が綴れないという第一の鉄則も忘れてはならない。この点について、特に日英語間の翻訳とその他の翻訳との比較に焦点を当てて、例示するとしよう。

fireという英語には主な意味として「火」と「火事」と「発砲する」の三義があるが、日本語にはこの三義を一語で表すことのできる単語は存在しない。やはり、一対一対応が成立しないのだ。ところが、英語と同じ印欧語に属する仏語ではfeu一語でこの三義を表すことができる。

こうなると、日英語間の翻訳と英仏語間の翻訳とでは、ほとんど翻訳の原理までが異なってくるとさえ言えそうである。したがって、「翻訳」という用語は、厳密に使おうとすれば、ある特定の言語から他の言語への翻訳という限定された意味でしか使えない、と言えることになる。つまり、たとえば英和翻訳ということなら問題にできるが、翻訳一般を論じることは、実際の英和翻訳の能力向上にはあまり役立たないということだ。

日本語の場合、明治以来、いわゆる欧文脈が採り入れられ、語彙も西洋語の直訳としての新漢語が造語されたり、旧来漢語に新しい意味が付け加

えられたりした結果、英和翻訳がしやすくなった。とりわけ、そういう文体と語彙を基本としている論文調、評論調の文章（いわゆる翻訳文体による日本文）に英文を訳すことが容易になったのだ。

そういう翻訳文体そのものか、それを模範とした文体で書かれた日本文は、英語などに訳しやすいという利点があるものの、日常生活で使われているような文体を基にした日本文は、古来の伝統を引き、発想が日本的であるために、なかなか英訳しにくい。文芸の世界だけを見ても、欧文に訳しやすい文章と、西洋的論理を超越した「意あれば、おのずから通ず」式の和文とが、程度の差こそあれ、混交・融合している文章が非常に多いため、英訳することが難しい。つまり、和訳は比較的に易しいが、反対の英訳となると、そうはいかないのが実情なのだ。

こうして、大型の英和辞典はどんどん出版されるのに、和英辞典で「大」のつく辞典は数えるほどもなく、改訂版も出ないという状況が今も続いている。こうなると、日英語間の翻訳という一般的な捉え方さえ実際的ではなく、英和翻訳と和英翻訳の二つは全く別物で、違う原理に基づいてなされる、と言ったほうがあたっていると当初には思われるくらいなのだ。

夏目漱石は漢文の素養が深く、それでいて英文学の造詣も深かったが、最後には、漢文系の世界と欧文系の世界とは相容れない別世界だと、匙を投げて英文学を放棄してしまった。が、現代では国際語となった英語を度外視しては、世界の中で日本の存立はおぼつかない。

国際語としての英語自体も大きく変質しつつあり、世界各国の需要・必要に合うように単純化されている。しかし、それはあくまでも国際語としての英語の行き方であり、それとは別に純然たる「外国語」としての英語、すなわち「国民英語」が、厳然と存在していることも忘れてはならない。

しかも、いわゆる出版翻訳、特に文芸翻訳の世界では、英米の作家たちは、カズオ・イシグロのような特殊な例は別にして、たいがいは国際語としてではなく、自国語として英語を使って作品を書いているからには、翻

序章　翻訳とは何か

訳者もまた、国際語ではない「国民英語」と取り組まなくてはならないのだ、という認識に立って仕事をする必要がある。

　国際語として英語を扱ったと言える英英辞典の一つは、Cobuild（共に築く）という名を冠した辞典であり、これは厚さの割には語彙と語義が少なく、一語一義の原則に立ち、意味の微差（nuance）にこだわらず、例えば喜怒哀楽の表現にしても、そのさまざまな隠影を滲み出させることよりも、人間の基本感情の大まかな区別と表出に編輯目的を限定している。

　他方、OEDや研究社「新大英和」辞典のたぐいは、国際語としてではなく、あくまでも「国民英語」の習得と研究に役立つ辞書としての性格を保っている。この国民英語は聖書やシェイクスピアなども完全に視野に収めた文化的国家英語なのである。

　これまでに述べたことを、一部補足しながら要約すると、次のようになる。

　英和翻訳でも、和英翻訳でも、一対一対応の原理は無理である。いや、日英語翻訳に限らず、先にfireとfeuが三義を共有していることを見た英仏語翻訳の場合ですら、英語sheepと仏語moutonとでは、一対一の対応をなしてはおらず、後者はむろん「羊肉」をもその意味範囲に含んでいる。この例からも解るとおり、英仏語間でも一対一の対応は、全般的には成立していないのである。

　英独語間という語系的にもっと密接な関係にある二ヶ国語間ですら、たとえば「月」の性は同一ではないといった根本的な違いがある。ここでも一対一対応は成立しないのだ。

　これまでに挙げた一対一対応不可能の例は、語句のそれであったが、節や文の段階でも、この単純対応不可能の例はいくらでも見られる。その典型的な例の一つは次のとおりである。

　　　It was also illuminating.
　　　（それはまた、啓発的でもあった）。

上の（　）の中は一対一対応に近い方式にもとづく和訳、すなわち逐語訳または直訳なのだが、文脈（前後関係）の中に置いてみると、必ずしも当を得ているとは言えない。その文脈をまず紹介しておこう。

　降霊会では、参列者たちは男女の別なく闇の中で手を握り合う。今、初めてそれを経験した刑事が、隣席の若い女性と手を握っている。なかなか楽しいことだと思う一方で、職業柄、なるほど、これだから若者の間でも降霊会は人気があるのだな、と納得する。上の英文は、そう納得した直後にくる文章なのだ。

　それをどう訳せばよいのか、については意見が分かれる。上記の直訳で充分だ、と言う人もいる。それどころか、もっと一対一対応的な「それはまた、光明的でもあった」のほうが本当の翻訳だ、とさえ言う人もいるかもしれない。が、私の立場からすると、これは次のようにしか正訳できない英文なのである。この一例だけからしても、英和翻訳というものが如何に複雑微妙なものであるかがお解り頂けよう。

　　　これでひとつ、利口になりもした。

　ここでひとまず結論めいたことを言えば、英和翻訳とは、英語そのものを日本語そのものに訳すというよりは、両語間の落差または空隙を埋める作業であって、それに熟達するには、日本語と英語をいくら別個に学習してもあまり有効ではなく、日英両語間の「関係」にこそ意識の焦点をしぼることが肝要なのである。比較言語学とは違う目的達成のための「新語学」——それを私は「関係語学」と表現したい。

英和翻訳の意義

　ここで、二言三言、日本における英和翻訳の特別な難しさと意義深さについて触れさせていただく。

　世界各国の言語間で完全な一対一対応翻訳が可能な場合はまず皆無で

序章　翻訳とは何か

あって、しかもそれが特に顕著なのが、語系的に孤立していると見られる日本語と諸外国語、とりわけ英語との間なのである。

　外国語学習に要する年数について一昔前によく言われたことだが、独語3年、仏語5年、英語7年で、独語はとっつきにくいが、いったん入門してしまえば、あとは楽で、それにくらべると英語は逆であり、とっつきやすいが——ということは間口は広いが——奥行きも深いので、征服困難な言葉なのであり、その点、日本語と良い勝負だと私は思っている。おそらくは世界で最も熟した日英両国語を操れる人が、英米人よりは日本人のほうに多いということ、たとえそれが「外圧」という強制によるものであったとしても、いや、そうであったならあったで、それは現代の日本にとって慶賀すべきことなのであるから、日本人は自己の置かれた地政学的位置をことほぐべきなのである。

　日本の翻訳者は苦労も多いが、まことに幸運なのだ。なぜならば、宇宙で最も複雑な作業であるという翻訳の、そのまた最も困難な日英語間の翻訳が国家的な精神文化の運命を左右する働きをしている時代に、高度な知的作業としての翻訳という責任重大な職務に従事できるのだから。

　今や、世界は歴史の転換点、その終末と発端の長い狭間（はざま）にある。善と悪との古い闘いが終わりつつあり、巨視的には、悲しみの谷は歓喜の声が木霊する広大な沃野へと変わろうとしている。いや、変わらなくてはならない。その時に生を享けているのは、私たちだけではない。過去のあらゆる時代、あらゆる時が、今、この現代に集合しようとしているのではないか。

　志賀直哉はすこぶる妙なことを言った。仏蘭西語を日本の国語にしてしまえと言ったのだ。この失言（実は皮肉？）の代わりに彼が、日本語は仏蘭西語に変わるか伍するかしてもおかしくないほど豊かで味のある言葉なのであるから、かつて西洋世界の華と言われたあの文化国家の言語の占めていた地位を、少なくとも東洋で初めて占めるのが日本語であるかもしれ

ないのだ、と言ってくれたなら、敗戦後の日本人にとってどんなに大きな励みになったろうか。そうなっていたら、ただ掛け声だけだった「文化国家・日本」建設の国民的・国際的基盤が今頃は確固と築かれていて、いわゆる「国民的合意」が左右の対立を超えて成立していただろう。

第一部　英和翻訳技法

第1章　総論

　各論に入る前に短い総論を記しておく。しいて題をつければ、「解読と表現」といったところだ。本書の第二原理がこの「原文解読」と「日本語による表現のし直し」ということであり、それはそれで「意味内容」と「表現形態」という二元原理と軌を一にしているのだ。まずは原文解読と、その解読内容の日本語化という原理から始めよう。

□ 原文解読

　英語で書かれた原文は、いわば暗号文である。本物の暗号は、解読すれば、それがそのまま文章になる。翻訳では、その解読と文章化とは、全く別とは言えないまでも、一応、切り離して考えたほうが話が解りやすくなる。

　そこで、英和翻訳の第一段階は英文解読であり、第二段階は訳文作成であると二分して考えることにする。言い換えれば、原文理解と訳文創造、その二つの過程から成り立っているのが翻訳なのである。（場合によっては、第二の段階である訳文の作成だけを私は翻訳と呼ぶこともある）。

　本物の暗号を解読するには、先ず鍵を見つけ出さなくてはならない。英文解読では、その鍵はあらかじめほとんど完備している。文法と語義という鍵である。しかも、文法は文法書に、語義は辞書にそれぞれ文書化されて、使われるのを待っている。それを如何に活用するかが、翻訳の基盤であり第一歩である語学力すなわち原文解読能力の習得の秘訣にほかならない。

　文法と語義、言い換えれば構文分析力と単語力、そのいずれが優先するのか。もちろん、単語力である。ある程度の単語を知っていない限り、その単語の組合せである文を分析したり、構成したりすることはできないからである。そこでだが、ある程度とはどの程度であるのか。最少限度なら

ば、3語である。たったの3語とは！　何のことはない。序章で例として挙げたI drink water.というごく基本的な3語文を解読するのに必要な単語は、I と drink と water の3語だからだ。

　それだけ知っていれば、文法の基本が理解でき、それができれば、あとはどんどん単語数を増やしていって、I のところに you, he/she, they などの代名詞、drink のところに eat, speak, make などの動詞、water のところに food, Japanese, coffee などの名詞をそれぞれ順ぐりにあてはめられるようにすればよい。(もちろん、He か She が文頭にくれば、次にくる動詞は eats, speaks, makes などのように3人称単数動詞現在形〔3単現〕の s がつく。こういう文法知識も、動詞過去形、動詞規則活用、不規則活用などの文法規則とともに、順次、なるべく自然に覚えてゆくとよい。その「こつ」は主に第21章に後述する)。

　さて、この第二段階で暗記する単語数は何語ぐらいが適当か。それは、これまでにどの程度までこまかな文法知識を身につけることができたかによる。というのも、この段階では、暗記単語数と文法の詳細にたいする知識とが並行していることが望ましいからである。もし大よそ全部の文法が身についたという自信がついたら、そのときには発動機を全開させ、集中学習によって、できるだけ多くの単語を暗記するにかぎる。

　英語学専門のあの渡部昇一名誉教授でさえ、もっと早いうちに単語を徹底的に暗記しておけばよかったと悔んでいるくらいなのだ。実際に英和翻訳の仕事を始めてから、必要に応じて辞書を引いて一語づつ単語の意味を見つけるというのが大方の訳者のやり方であるとしたら、それは非能率的で、結局は満遍のない単語力が身につかず、思わぬところで誤訳を犯しやすい偏頗な読解力しか保てない結果になりかねないのだ。

□ 単語暗記法と文法学習

　終戦直後には、寸暇を惜しんで単語カードや単語帳を手に英単語の暗記

に努めている通学生の姿が数多く車内で見られたものだ。それが現在ではほとんど見られなくなっている。英語学習の能率・実効が落ちている最大の理由はここにある。基本である単語力の強化なくしては、そもそも英語学習は成り立たない。いくら放送番組や参考書で文型や文法、日常会話の断片などを叩き込もうとする教育が行われようとも、これでは中身のない容器だけを食卓に並べる料理屋のようなものではないか。まずは中身を充実させよである。

　単語を数多く暗記する最良の方法は手製の単語カードに、今しがた英書を読みつつ辞書を引いて意味を知った英単語を書いて、その裏面にそれに相当する日本語を記しておき、10枚くらいそれが溜まったら、まとめてその10語の意味を暗記し——ここが重要なことだが——ついでに裏面の日本語から表面の英語を当てる逆の作業も徹底的に行う。そうすれば、あなたの単語力は往復通行となって、英和と共に和英の翻訳力もつき、私の言う「逆発想英和翻訳術」（第11章参照）が容易になりうるのである。

　単語帳よりも単語カードのほうが効率的なのは、カードだとトランプのように"切れる"ので、単語の配列順序だけでその意味を暗記してしまうこともできる単語帳の欠点がないからである。もう一つ、有効な単語力増強法がある。各単語をばらばらに暗記しないで、語形や、類義と（反）対義という枠の中で系統的にまとめて単語を憶える方法がこれだ。

　まず語形による方法とは、beautyを憶えたらついでにbeautifulという形容詞形も記憶し、governならば同時にgovernmentやgovernorも暗記する方法であり、類義にもとづく暗記法とは、planeを知ったらair-craftも暗記する一括暗記法のことであり、対義という観点に立つ記憶法では、fairときたらfoul、sameときたらdifferentといった具合に反対語どうしを一度に記憶することになる。さらには、多義を同時に憶えてしまうのも、経済的な一括記憶法であり、beautyならば「美人」の意味もある（-tyを取ったbeauは「色男」という意味になる）ことをついでに憶えてしまえば、ばらばらに各単語を憶えるより能率的だ。このほかにも -iveや -lessや -nessなどの接尾

辞、con- や des-、mono- や poly- などの接頭辞がついた単語を、同じ尾辞や頭辞がついた語をひとまとめにしてなるべく多く記憶する方法もある。

英文解読を迅速確実にこなすために必要な単語力強化についてはこれくらいにして、もう一つの鍵である文法の学習法へと話を進めよう。

英文法と言えば、必ず問題になるのは、いわゆる学校英文法と翻訳英文法との対立である。少なくとも今までの正規学校で教えられてきた英文法では、本当に達意の翻訳はできず、いたずらに原文密着の文章づくりの形式だけが重んじられ、肝腎の意味、意思、含意の伝達や表現がおろそかにされて、英語教育の実が挙がらない要因のひとつとなってきた、ということは確かだとしても、その学校文法と翻訳文法とのあいだには、普通に思われているほどの本質的な違いはないのである。

いわゆる学校英文法の欠陥を代表するものとしてよく挙げられるのは、関係代名詞の処理の仕方と節順の問題であり、この二つは密接に関連しあっている。

> After walking about three miles we crossed a long bridge under which muddy water swirlingly flowed from the mountainous regions where it had rained very heavily the previous night.

この英文を、関係代名詞 under which 以後の部分から先に（というのは、いわゆる学校文法式に）訳すと、次のようになる。

> 前夜に豪雨が降った山岳地帯から渦巻くようにして濁流が下を通っている長い橋を私たちは、5キロほど歩いてから、渡った。（X）

学校文法に従った上の直訳文を原文の節順どおりに訳してみよう。

> 私たちは5キロほど歩いてから、長い橋を渡った。橋の下には、前夜豪雨の降った山岳地帯から出てくる濁流が渦巻くようにして流れていた。（Y）

もちろん、この訳文（Y）のほうが先の直訳文よりも自然で、解りやすい。しかし、それだからといって、（X）のように解釈したり、訳したりすることが完全に間違っているわけではなく、ただその訳文の綴り方が日本語としては悪文だというだけのことなのだ。

　要するに（X）の訳者は、自分の翻訳の産物である日本文よりも、むしろ原文のほうに寄りすぎて、訳文の読者である日本人にその訳文が如何なる印象・効果を与えるかについてあまり気を使っていないというだけのことなのだ。

　言い換えると、自分に解りさえすれば読者も解ってくれるだろうくらいにしか読者の立場を顧慮できない素人文章家が綴ったのが（X）だったというわけで、英文法をよく知っていながら、日本語の文章作法のイロハを忘れていたことになる。本書の要語の一つである造語を使えば、「和文和訳」の過程を経ないで、未完成文を決定訳としてしまったわけだ。

　それが証拠に、原文を全く無視して（X）だけを問題にしても、「和文和訳」をきちんと行えば、簡単に（X）を（Y）に変えることができるのだ。学校英文法そのものが間違っていたのではなく、翻訳の過程を一段階、抜かしていただけのことなのだ。(原文が複雑ならば、「和文和訳」一回で決定訳には達しないので「中間訳」が必要となる)。

　しいて言えば、学校英文法の間違いは、もっと別のところにある。それはどこかと言えば、例えば、次のような英文の訳し方の教授法である。

　　　　I'll buy you this shirt.
　　　（私はおまえにこのシャツを買うだろう）。

　上の（　）内の直訳を教えることは必要である。それしか英文の構造を手っとり早く知らせる方法はないからだ。だが、それだけでは充分とは言えない。この直訳文はあくまでも原文解読のための便宜的な試訳であって、実際に使われている日本文とは似て非なるものであることを、すぐに

次の段階で生徒に思い起こさせ、これでは完全な和訳文ではないことをはっきり徹底させる必要がある。その完全な和訳文とは、もちろん——

　　　「このシャツを買ってやろう」

であり、いわゆる学校英語が見のがしていたのが、こういう実際の日本語らしい日本語に辿り着くまで、荒削りな解読文を「和文和訳」して、洗練させる作業だったのである。

　当たり前といえば、あまりにも当たり前のことなのだが、文章が長く複雑になるにつれて、この当たり前が、つい当たり前でなくなり、次第に原文の構造にこだわりすぎて日本語の生理、呼吸、脈動に則していない悪文の迷路にさまよいこんでしまうことが多かったのだ。

□ 文法習得の秘訣

　さて、原文解読にまず必要な構文分析の鍵である文法の習得で最大の難関は、文法用語である。教師がいきなり「現在完了というのは過去に起こった事柄で、その影響が現在でも感じられるもののことなんだ」と定義説明しても、生徒はきょとんとするばかりか、なかには「太平洋戦争だって、今もその影響が感じられる過去じゃないか。それなのにあの戦争中のことは全部、過去形で書かれているのはどうしてなのか」と首をかしげるものもいるだろう。

　文法を教えるのに文法用語から始めるのは、害多くして益少なしと言うことがこの例からも解る。要するに、まずは現在完了形で書かれた英文例をできるだけ多く教えてから、その例を一括して、こういう場合のhave＋過去分詞形を「現在完了」と総称するのだと、帰納的に説明すべきなのである。例えば、「春が来ている」のように和訳できる Spring has come. が現在完了の一例である、というふうに。

　英文法に限らず、何を学習するにせよ、それが最も深く身につく効果的

な方法は「自己発見法」である。学ぶ側の意思や興味にかかわりなく上から押しつけられる知識はなかなか身につかないが、学習者がみずから疑問を抱き、問題意識をもって求め、獲得した知識は深く記憶に刻みつけられ、末長く活用できるのだ。英文法の知識は抽象的な文法用語の押しつけからでは得られない。大事なのは文法用語そのものではなく、文法という事実であり、それを把握しようとする意欲であって、文法用語はそれを容易にするための手段でしかないのである。

　こうして得られた文法知識が、すでに暗記された数多くの単語と相俟って、英語原文という暗号もしくはパズルを解読するための鍵となる。この二つの鍵を使って解読された英文の意味を最も効果的に理解できる日本文に表現するのが、翻訳の第二過程であることは、先に記したとおりである。

　英文翻訳の第一過程である原文解読については、今のところはこれくらいにしておく。これからは、どのようにしたら第二過程の、日本語による効果的な訳文を綴る作業をうまくこなすことができるか、という具体的な技法の問題をもっぱら扱うことにする。いや、すでに本章でも、「私はおまえのためにこのシャツを買うだろう」という英文解釈を「このシャツを買ってやろう」という完訳文に変える作業というかたちで具体的な技法の問題をひとつ片づけておいたのである。

第2章　省略の秘訣

　I'll buy you this shirt. の解読文は、「私はおまえのためにこのシャツを買うだろう」といったところだが、それでは意思の伝達は何とかできても、日本語として自然でもなく、さまにもならない。いや、これでは意思の疎通も図れない。聞き手としては、「買うだろう」と言われても、本当に「買って貰えるかどうか」確信をもてないのだから、伝達すらできていないわけだ。そもそもwillを「だろう」と訳すのが間違いなのだ。が、それを「買ってやろう」と正訳しても、「私はおまえのためにこのシャツを買ってやろう」と実際に言う人はいない。実際に使われない文章でも意味さえ通じればよい、それで充分だという人は、英文解読力すなわち機械的な語学力さえ身につけていればよいということになる。

　しかし、英和翻訳となると、そうは行かない。私たちが日頃読み書きしている自然な日本語に英文解読文を「翻訳」し直さなくてはならないのだ。この第二の過程が「和文和訳」であり、そこでは、原文である英語をいったんきれいに忘れ去って、日本語の特性に則した表現を選び取らなくてはならない。

　その日本語の特性で最も顕著なのは、「省略」である。「私はおまえのためにこのシャツを買う」の主語である「私」も、間接目的語である「おまえ（のため）に」も省略したほうが、少なくとも古来の日本語の生理に則した表現なのであり、それも、ただその部分を省略するだけのことではなく、いわゆる「やり・もらい」法や、「辞」の働きと密接に関連し合った有機的・全体的な語法としての「省略」なのである。（第22章「日本語の長短」参照）

□ 感覚動詞などの省略

　省略できる語は、主語や目的語に限らない。感覚動詞のsee, hear, feel や、stand, sit, lie などの「姿勢動詞」、さらには特定文脈内の help なども省略して、訳出しないほうが、和訳文として自然である場合がままある。

　　例(1)　I could, of course, ask Mrs Anson, the landlady, to introduce me to Miss Fitzgibbon, but I felt in all sincerity that her presence at the interview would be an impediment.

　　　　もちろん、宿の女将であるアンソンさんに頼んでミス・フィッギボンに紹介してもらう手もあったが、アンソンさんがその場に居合わせたのでは、正直なところ、邪魔になるのだ。

　上の訳文末を「邪魔になるのだ、と感じた」とするのがfeelを訳出した場合の締め括り方だが、この「と感じた」という訳表現は、ただとってつけただけのものとしか感じられず、文末の言葉としては余計であることは、誰もが同感だろう。

　上のfeelは厳密には感覚動詞とは言えないものなので、もう一つ、今度は心でではなく、身体で感じとるfeelを省略する文例を挙げておく。

　　例(2)　Late at night I felt someone's finger touch my nape.

　　　　夜更けに、誰かが私の項（うなじ）を指でさわった。

　この場合も「指でさわるのが感じられた」と几帳面に訳すと、かえって緊張感（suspense）が弱まってしまうということに異論はあるまい。feelは僅か一音節なのに、その和訳語は五音節なのだ。

　今度は see の場合で省略を試みるとしよう。

　　例(3)　As I went out into the night, I saw the entire sky full of the brilliant stars.

第2章　省略の秘訣

　　　　夜の中に出て行くと、空全体がきらめく星で満ちているのが見えた。

　もちろん、上は英文の解読訳（すなわち直訳）であって、それを「和文和訳」すると下のような決定訳が出来あがるのだ。(直訳では、「夜の中に出て行く」という英語表現に注意。英語では、この表現はきわめて自然であり、訳者によっては、その直訳のほうがよいという人もいるにちがいない。が、私は簡潔な意訳文、省略文のほうを選ぶ)。

　　　　夜、外に出てみると、満天の星がきらめいていた。

　ここでも、問題は文中の一語（feelやsee）だけにかかわるものではなく、文全体との均衡（balance）がその一語の訳を省略するか否かの決め手となるのだ。全体感覚、文脈意識の問題である。

　次は、standやsitなどの「姿勢動詞」の省略である。

　　　　I sat amazed and speechless for a long time.

　　　　私はしばらく呆気にとられ、口も利けずに坐っていた。（X）

　　　　しばらくは呆然として、口も利けなかった。（Y）

　もし、上の文より前の部分に「私は坐っていた」ことがすでに書かれてあったなら、（Y）のほうが簡潔であるという理由などで、ずっと好ましいと私は思う。

　動詞helpも省略したほうがよい場合がある。

　　　　He is the man who helped arrange the omiai meeting.

　　　　あの人がお見合いの段取りをつけてくれたんです。

　もちろん、複数の人がお見合いのお膳立てをしたことが解っていれば、「あの人がお見合いの段取りをつけるのに一役買った方なんです」くらいが適訳かもしれないが、その場合には、He is a man who did his share in arranging the omiai.という表現のほうが正確なのではあるまいか。(要するにhelp

32　第一部　英和翻訳技法

が省略される場合、それは「やり・もらい法」の一種である「～してくれる」という日本語独自の動詞に翻訳されたのだと思えばよい)。

　以上のほかにも、例えば非常に長い原文の一部を省略したほうが、(内容理解には支障なく) 却って読みやすい訳文が綴れるという場合もある。これは時として煩瑣なまでに微細な英語の表現論理と、「つうかあ」式の簡素な言葉で意が通じ合うことの多い日本語の表現論理との対比ということで、格別に興味深い問題なのだが、ここでは詳説を割愛する。(この実例は『新編・英和翻訳表現辞典』の incriminating の項に挙げておいた)。

□ 代名詞の省略

　最も頻繁に効果的な省略が可能となるのは、主語に限らず、代名詞の場合であることは、ことさらに指摘する必要もあるまいが、簡単な例を二つ三つ加えておく。(　) 内は直訳。

　　He looked at me as if I had been a con man.
　　(私が詐欺師であるかのように彼は私を見た)。

　　詐欺師を見るような目つきで (彼は) 私を見た。
　　　〔二つの〈私〉を一つに減らせる〕

　　He did what he did because he wanted to.
　　(彼がしたことをしたのは、したかったからだ)。

　　彼がそうしたのは、そうしたかったからだ。
　　　〔三つの〈した〉を二つに減らせる〕

　上の例から、代名詞などを省略するには、ただ語句を削ればよいわけではなく、文の構造、すなわち構文そのものを大なり小なり変えなくてはならない場合が多いことが、あらためて了解できたはずだ。またしても全体感覚の問題である。

第3章　補充訳

　省略の次には、当然、補充がくる。補充訳にも、さまざまな場合がある。そのうちの三つを例示しておく。

1）文法上、必要な補充訳

　　　This refusal to believe in human goodness is an essential factor in the cynic.
　　　（人間の善良さを信じるこの拒絶は、すね者の本質的要素である）

　　　人間の性（さが）が善であることを信じまいとするこの態度こそ、すね者の本領なのだ。(A)

　（　）の中が原文解読訳または直訳であり、それを和文和訳すると、(A)になる。上の直訳文では「～を信じるこの拒絶」と不得要領に表現されているところが問題で、それはrefusal 一語を「拒絶」という一語に機械的に一対一対応させたために生じた無意味訳であり、それを refuse to believe（信じるのを拒む）という動詞句に還元させて解釈していれば、この不手際は避けることができたので、これは第7章「品詞転換」の「名詞から動詞への転換」の項でとりあげてもよかった技法なのである。（同項参照）

　「信じるのを拒む」とは、言い換えれば「信じまいとする」ことなので、この表現のあとに補足すべき言葉としては、「態度」が最も適している。そこで、それを当てはめると「信じまいとする態度」という表現ができる。これで、この問題文の主（語）部が訳せたことになる。あとは、「すね者の本質的要素」を少し皮肉っぽく「すね者の本領なのだ」と訳し変えれば、それで、この英和翻訳は完了となる。（an essential factor in the cynic のように、前置詞として普通使われるofの代わりにinが来ていることに注意）。

2) 訳文を整えるための補充訳

　　　The chance of bad weather as well as an airline strike had stranded them in Seattle for three days.
　　　（航空会社のストに悪天候がかさなった偶然が、彼らを三日間シアトルに立ち往生させた）

　　　航空会社のストに悪天候がかさなった偶然の成り行きで、一行は三日間シアトルで足止めを食った。（A）

　（　）の中の訳と（A）とでは、たいした違いはないようだが、「偶然が」と主部を設定してしまうと、そのあとにくる述部が多少ぎこちなくなるし、そもそも（二つの悪条件がかさなった）「偶然が」という表現自体に無理がある。そこで、「偶然の成り行きで」と補充すると共に主格*から副詞句への転換を図ると、文の後半を自由に日本語らしく綴ることができる。（*主格については第8章「主語と格」参照）

3) 曖昧さを除くための補充訳

　まずは Los Angeles is a temptation. をそのまま訳すと、「ロサンゼルスは誘惑である」という不得要領な和文になるが、ひとこと「巷」をつけて、「ロサンゼルスは誘惑の巷である」とすれば意味がはっきりする。（「ロサンゼルスは誘惑する」でもよいが、これは後述する「品詞転換」の一例でもある）。

　　　He had a closer friend.
　　　（彼は、より親密な友をもっていた）

　　　彼にはXよりも親しい友がいた。（A）

　「Xも彼の友人なのだが、それよりも親しい友が彼にはいた」ということを上の英文は暗に意味しているのだから、（A）の方が直訳よりも具体的で、正確である。

第3章　補充訳

　上の場合は形容詞の比較級が出ているのに、比較の対象になっているもの（than のあとにくるべきもの、すなわち X）が文面に出ていなかったために、直訳文では何となく完結していない感じがつきまとったのである。

　それと同様に、different という形容詞を含む英文を訳すときにも、次の要領で、「何と違うのか」を明示したほうが読者に親切だ。（ここでは、単に補充するだけではなく、ついでに構文も変えて、変化をつけてみた。この構文転換は第4章「頭から訳す技法」で詳述する）。

　　　It was in a different country that I met my present husband.
　　　（今の夫とめぐり会ったのは、違う国でのことだった）

そこは別の国で、現在の夫とめぐり会ったのだ。

　補充訳演習の総仕上げとして、次の英文を意訳してみよう。

　　　You had better accept. It is the smaller of two evils.

　　　それには応じたほうがいいわ。そのほうが少しはましよ。どっちにしても、ろくなことはないんだけど。

　直訳すると、「それは二つの悪のうちの小さなほうの悪である」という言い方が如何にも英語的で、その意味はすぐ理解できるが、原文と同じくらい気の利いた表現として日本の読者に受け入れられる訳文を書くためには、工夫を凝らさなくてはならない。上例では「どっちにしても、ろくなことはないんだけど」とその部分を（構文転換して）訳してから、その前に「そのほうが少しはましよ」を補充することによって、何とか表現の面白さを訳文でも保てたというわけだ。原文の意味内容ばかりか、その表現形態をも訳文でも活かせ、という要諦に応える一例がこれだ。

　なお、日本文には主に「〜ということ」というかたちで「こと」がしばしば使われる。「あの人がそう言ったということは、誰も否定できないこ

となのです」のようにだ。こういう「こと」は「事実」という漢語に置き換えると、文章が引き締まる。この要領で、He has been there several times.(そこへ行ったことが何度かあった)の「こと」を「経験」に変えたり、She has never done such a thing.(そんなことをしたことはない)の最初の「こと」を「ためし」や「まね」に変えたりしても、文章効果を高められる。

そのほか、「状態」「立場」「状況」や「動作」「仕種(しぐさ)」「振る舞い方」や「有様」「始末」「寸法」などの表現を代置したり、追加したりすると、文章に精彩をもたせることができる。例えば——「歩哨が部署を離れている隙に、侵入するのさ」の文末を「侵入するという寸法だ」とでもすれば、如何にも悪だくみの相談らしくなるというわけだ。(この「わけだ」そのものも文末に使えば、えてして文末の坐りが悪い和文の欠陥を埋めることができる)。

次は、原語が固有名詞であったりして、それだけでは何のことなのか解らない場合に行う補足説明について、ひとこと。

　　野球で「ビーンボール」と呼ばれているこの痛快な戦術は、国防省なら「平和維持者」と名づけかねないところだが、かねてから試合に精彩を添えてきた。

上の「平和維持者」の原語は、Peace-keeper なのだが、Peace-keeper とは実は「核弾頭つきのミサイル」の一種なので、そのことを訳文中で補足説明するか、もっとよい手として、「平和維持核ミサイル」と訳して、「ピースキーパー」とルビを振るかすれば、原文の皮肉な感じが出せる。要は、常に文章全体として筋の通る(この場合は皮肉が通じる)言葉で訳文を綴る態度を崩さないこと、それが肝腎なのだ。

□ 所作と台詞の一致

次に、ある戯曲の大団円で、大冒険の甲斐あって美しく賢い娘を妻に迎

第3章　補充訳

えることができた主人公の台詞（せりふ）の訳し方である。

　　　Thanks to my guardian angel that led me to the prize!
　　　（私をこの賞品にお導き下された私の守護天使に感謝を！）

　上の直訳で充分に意は通じる。しかし、これは生身の人物が舞台で言う台詞、しかも「賞品」である女性の手を取りながら言う所作つきの大詰めの言葉であることを考慮に入れると、この直訳では物足りないことがすぐ解る。第一に、この台詞のどこで主人公は勝ち取った女性の手を取ればよいのか。「この賞品に」と言いながらそうしたのでは、それ以後の言葉を言うときの所作をどのようにすればよいのか。握った相手の手を高くかざして言ったとすると、「感謝を！」という幕切れの一語を言うときに、それにふさわしい動作である十字を切ることができないではないか。

　などと考えながらこの一行を訳し直してみると、次のようになる。

　　　わが守護天使よ、ここまでのお導き、感謝いたします。
　　　おかげで今、こうしてこのご褒美を──（女性の手を取る）

　こうすれば、最後のト書きどおりの所作をしながら、原文と同じ最後の一語で幕を下ろすことができる。

　上のような、原文に近い節順で訳しながら、必要な言葉を補っていけば、原作とほぼ同じ舞台を再現できる訳文を綴ることができる。いや、これが小説の中の「　」内の会話部分であっても、地の文とは違う台詞らしい効果を出すことができるのだ。

　シェイクスピアの『ジュリアス・シーザー』に共和主義派の同志たちが帝王のシーザーを暗殺する場面がある。次は同志のひとりがシーザーに第一撃を加える時に勢い込んで言う台詞である。

　　　Speak, hands, for me!

　直訳すれば、「語れ、手よ、わがために！」といったところで、「こうな

れば、腕に物をいわせるのだ！」とか「もう……この上は……腕づくだ」のように訳されていたが、シェイクスピア劇の翻訳に新風をもたらした福田恆存氏は次のように訳した。

　　この手に聞け！

　この台詞を使えば、役者は「この」で剣の柄に手をかけ、「手に聞け！」で剣を引き抜きざまに相手に突き刺すことができる。福田氏は演出家も兼ねていただけに、こういう芸当ができたのだが、それにしても、speak（語れ）を「聞け」と反義訳して、ほとんど満点の効果をあげることができたのは、驚異的であり、真の英和翻訳は如何にあるべきかについて、多くを語ってくれる。

　最後になったが、一語の英語でも「補充訳」をしたほうが読者に親切である例を二つ三つ挙げておく。

　　　emu（駝鳥に似たオーストラリア産の鳥）
　　　aubade（小夜曲［セレナード］に対して「暁の恋歌」）
　　　Mars（ローマ神話の軍神）

　例えばemuは辞書では「エミュー」としか訳されていないこともあるが、（　）の中に記されたような説明を補足すると読者は助かる。aubadeならば、「暁の恋歌」として「オバド」とルビを振るのも一法だ。訳注をつける手もあり、かつては訳注を読むのが楽しみだと言う読者もいたが、今では、地の文の中にさりげなく補足説明を「埋め込む」方法が一般的となっている。（洒落など、二重の意味をもつ文や句にたいする補足説明については第10章「諺・慣用句・洒落そして比喩」参照；また訳注については第14章その4「訳注の問題」を参照されたい）。

第4章　頭から訳す技法

　第3章で見たとおり、関係代名詞の後の節から訳すのではなく、まずそれより前の節から訳し始めるほうが自然な流れの文になるということや、関係代名詞のない原文でも、その節順を守って「頭から」訳すと、補充訳の必要が生じやすいということなどが解った。

　その「頭から訳す」方法について、この章では詳述するとしよう。まずはこの方法で次の短文を料理してみよう。

　　　Sorry to have kept you waiting.

　これを普通の語順で訳すと、次のような訳文が幾とおりもできる。

　　　待たせちゃって、御免。

　　　お待たせして、どうも。

　だが、なぜこんな砕けた訳し方をしたのか。上の英文が I am sorry that I have kept you waiting. の簡略形なので、「お待たせして申し訳ありません」のように丁寧な表現をわざと避けたからだ。この正式な英語の言い回しを知らずに、ただ単語の意味だけを連ねて、あとは山勘だけで正訳できたとしても、それで気をよくしてはならない。

　なぜかと言うと、正式な言い方と砕いた喋り方との違いも知らずに山勘で訳せても、上のような二つの表現の親疎の差を見分け、聞き分けることができないと、正しい翻訳ができないからであり、さらには文法に則さず、字面で訳す癖がついてしまうと、複雑な構文に対処できなくなるのが落ちだからである。

　さて、先の英文を「頭から」訳すと、次のようになる。

御免ね、待たせちゃって。

済まない、待たせちまって。

　上の二つの訳と、先の普通の語順に従った二つの訳し方とをくらべて、どちらがましか、甲乙つけがたい。原文が非常な短文なのだから、それも当然だ。もっと文章が長くなればなるほど、「頭から訳す」方法の真価がよく解る。次の英文は（　）の中が直訳――普通の節順による訳し方である。

　I'm afraid he is not here today because he caught a cold.
　（きょうは風邪を召して、お見えになっていないのが残念です）。

　　　あいにくですが、きょうは出社しておりません、お風邪を召したそうで。

　上の受付嬢の応対では、「頭から訳す」方法のほうが遙かに実感もこもっているし、流れも快調だ。訳者は役者になったつもりで、台詞が最も自然な意味と意識の流れに乗っている原文どおりの節順で訳せばよい。

　これは面白い現象で、「僕はきのう上野駅でばったり昔の友達と会ったんだよ」と理路整然と話すほうが散文的で、「きのう、ばったり会ったんだ、昔の友達と、上野駅でね」と一見（一聞？）たどたどしく喋ったほうが生き生きしていて、実感も出るということになる。美は乱調にありで、日本語の本領は「語り」にある？

　次は、さらに長い英文でもうまく頭から訳せるかどうか験してみよう。今度は会話文ではなく、短編の出だしの部分が原文だ。

　　A ghost was seen last Christmas in a certain house in the Royal Crescent.
　　（去年のクリスマスに、ロイアル・クレセント高級住宅街の某氏宅で、幽霊が目撃された）

　例によって（　）の中は直訳――この場合は普通の語順で訳した和文

第4章　頭から訳す技法

——であるが、「高級住宅街の某氏宅」の一部は訳者の調査にもとづく補充訳である。早速、頭から訳す方法で上の英文を料理してみよう。

　　　　幽霊が目撃されたのは、去年のクリスマスのことで、場所はロイアル・クレセント街の某氏宅だった。

まず、頭から訳す方法では、「のことで」と「場所は」という二つの表現を補充する必要があるということに気づく。さて、先にあげた普通の訳し方と、この訳し方とではどちらがよいか、それを、この英文が短編幽霊スリラーの冒頭の一行だという条件を考慮に入れて、検討してみよう。

頭から訳された文では、文頭からいきなり幽霊出現という事件の要点が語られ、そこから暫次弱奏（ディミヌエンド）式に「いつ」「どこで」その事件が起こったのかということが尻すぼみに語られる形式になっている。

それにたいして、直訳文のほうは、暫次強奏（クレッシェンド）式に、まず「いつ」「どこで」「何が」「どうした」のかという順序で、はらはらさせながら尻上がりに盛り上がるかたちをとっている。

スリラーとしては第二の訳し方のほうが味があるが、原文の順序どおり頭から訳しても、少し補充訳をすれば、不自然ではない。つまり、和文では、いずれの訳し方もほぼ同じ長さなので、力点の置き方こそ逆だが、それだけでは優劣はつけがたい。

実は、英語にも、文末へと尻上がりに上がってゆく文型があるのだ。

　　　　It was on last Christmas at a certain house in the Royal Crescent that a ghost was seen.

これなら、学校文法の規則を無視して頭から訳せば、「いつ」「どこで」「何が」「どうした」のか、という順序で訳せるわけだが、It was 〜 that ≈ . という文法形式を尊重すれば、「幽霊が目撃されたのは〜」と尻すぼみ式に訳さなくてはならない。しかし、英米の読者でも、この英文を頭から読み下

してゆくのだから、結局は尻上がり式の順序で読むことになる。こうして、日英両国語ともに尻すぼみ形式と尻上がり形式の表現が可能である、ということになる。

そこで問題になるのは、It was ～ that ≈ . という文型の英文は頭から訳すべきか、文法形式尊重方式で訳すべきか、ということであるが、こうなると話は堂堂めぐりになって決着がつかないので、見切りをつけ、結局は、頭から訳すと言っても、尻上がりになる原文と、尻すぼみになる原文との双方がありうるということを銘記しておかなくてはならない。

それよりも、現実の問題として、上の二つの場合のいずれを採るのか、選択に迷った時の決め手になるのは何か、と問うほうが建設的である。その決め手とは、この場合も文脈であり、平衡感覚である。問題の原文の次にくる文章とのつながり具合を考慮すればよいのだ。

　　　　Believe me, this is true.
　　　　嘘ではない、これは実話なのだ。

この文章にうまくつなげるには、どちらかと言えば、「…幽霊が目撃された」で終わる訳文のほうが適している。「これは実話なのだ」の「これ」は厳密に言えば「どこそこで、いつ幽霊が目撃された」という事実そのもので、「幽霊が目撃された日時や場所」を受けている表現ではないからだ。

もちろん、そこまで厳密を期するのは rigorism（硬直した厳格主義）で、そんなことを言っていた日には自由闊達に訳文が綴れない、と言う反論も聞こえてくるのだが、まずは原理原則として、一度は翻訳文章道の基本をおさえておく必要があるので、敢えて重箱の隅をつついてみた次第。

□ どこまでを「頭」とみなすか

さて、もっとはっきりと訳し方の違いが問題となる原文を同じ短編の次の段落から選んで検討してみるとしよう。

> For those who like a ghost story with all the trimming —— deep snow and howling winds outside… I am sorry. I must disappoint you.

　この英文の「頭」はどこからどこまでなのか。まずそれを決めないことには、頭から訳そうにも、頭の見当もつかないのだから、お手上げである。

　For those（者たちにとっては）だけでは、むろん頭になれない。a ghost story まで頭に含めて「怪談を好む人にしてみれば」と訳しても、その怪談は、原文によれば、不特定多数の怪談ではなく、with all the trimmings（あらゆる付け合せの揃った）怪談なのである。「付け合わせ」とは、この文脈に合うように訳せば「舞台背景」といったところなので、ここまでの全体を訳せば——

> 　舞台背景のすべてが揃った怪談をお望みの向きには、

となるのだが、これ以後の部分がうまくこの訳し方に接続してくれないことには、それこそお話にならない。このあとにくる「外の深い雪や轟々たる風音」そのものが舞台背景なのであるから、それを上の訳文のどこかに含める必要がある。その「どこか」は二個所ある。

> （1）舞台背景がすべて揃っていて、戸外に深く積った雪やら、吹き荒れる風やらにこと欠かない怪談をお望みの向きには、
>
> （2）外には深い雪、吹きすさぶ風といった、怪談につきものの背景設定をお望みの向きには、

　上の（2）は（1）にくらべると大意訳なのだが、簡潔さという点で（1）よりはましだと思えるので、（2）を決定訳としたい。そこで、最後の手続きとして、（2）が原文の残余の部分とすんなりつがるかどうか、確認してみよう。

> 　…怪談につきものの背景設定をお望みの向きには、おあいにくさま、と言うしかない。ご期待にそむいて申し訳ないが。

これでやっとこの問題文は完訳できたのだが、頭から訳すことはできなかった。しかし、頭から訳せる英文と、そうではない英文とがあり、それをなるべく早く見分けられたほうが手間が省けるということが解ったのだから、無駄骨ではなかったわけだ。

　さらに、個々の翻訳技法習得という取り組み方（approach）も大事だが、同時に可能な限り多くの他の技法や問題点をも把握しつつ、文章や段落の全体を組み立ててゆく文字どおりの全体感覚を研ぎ澄ますことも忘れないように。

　さて、今度こそ「頭から訳す」方法が何よりも有効な英文と取り組むことにする。

　　　　Many men do not allow their principles to take roots; but pull them out every now and then, as children do flowers they have planted, to see if they are growing.

　　　多くの人は、自分の信念から出た主義が大地に根づくまで待てずに、何度もそれを引きぬいては台なしにする。そのさまは、自分で植えた花を引きぬいてはその生育ぶりを確かめようとする子供と変わるところがない。

　ここでは「頭から訳す」ことを主眼としたわけだが、それをつらぬくためには、別の技法である「補充訳」も使う必要があったことを、13行ほど前に述べたことと結びつけて脳裏に刻みつけてほしい。文の中ほどの「そのさまは」がここでは代表的な補充訳である。（「語学メモ」として；上例文中の children do flowers は children pull flowers out の簡略形である）。

　それとは別種の補充訳も上の訳文では使われている。「自分の信念から出た」「大地に」「台なしにする」などがそれであるが、前に挙げた補充訳も、これらの補充訳も、その目的は、訳文を読みやすく、解りやすくすることにある。かりに文法的にはいくら完璧に構成された訳文であっても、各語

句の関係が錯雑と入り組んでいたりして、それが解るのは当の訳者か、原文を読める人だけだったら、翻訳をした意味がない。一時はそういう訳文が横行したこともあったが、おおかた別宮貞徳先生の手で退治された。まず読者の身になって訳すこと、それがほとんどすべてに優先するのだ。

　ひとくちに読みやすさと言っても、ここで私が説いているのは、漢字を多く使うなとか、文は短いほどよいとか、硬い原語は全部、砕いてしまえ、などということではなく、読者が快い語勢の流れに乗って心の中で「音読」できるほどまでに調子と区切りのよい訳文を綴れということなのだ。簡単に言ってしまえば、文を、あるいは文意を読者が素直に心の中にとりこめられるかたちで読み進むことを可能にするようなリズミカルな訳文を綴ることを勧めているだけである。

　まさにそのための工夫、技法が「省略」であり、「補充」であり、「頭から訳す方法」であり、「構文転換」であり、「品詞転換」であり、その他、これから各個撃破してゆくさまざまな訳法であると言っても差し支えない。

□ 「読める」訳文を

　そして、個々の語句が単独では存立せず、文脈という全体の中で相互に関連し合っているのと同様に、これらの技法もまた、互いに持ちつ持たれつの関係を成している場合が多いために、私は本書で紹介する多くの技法を単に個々の問題として扱うことを極力、避けているのであり、常に文脈や作品内の連脈というものを視野に収めて訳しつづけることのできる全体感覚の必要も同時に説いているわけだ。この「各個撃破」は「総攻撃」の一環なのである。

　ここで少し話を戻し、「音読」の問題を、読者の側から、読者に音読させる訳者の立場に移して、ひとこと、これも全体的技法のひとつ——と言うよりはその最たるものとして——伝授しておく。それは、訳者みずからが訳文を書き進めながら、絶えず、声に出すにせよ、胸の中で黙読するに

せよ、文章を「音読」しつつ綴ること、である。

　文章は「知」によってのみ書かれるのではない。呼吸と脈動と振動などと文字どおり有機的に結びついた「血」の一つの側面である律動（リズム）もまた、おそらくは「知」以上に文章づくりにかかわっているのである。

□ 補充訳との絡み合い

　論を具体面に戻し、「頭から訳す」方法と「補充訳」法の絡み合いのありさまを最も簡明に示してくれる警句を次に訳してみるとしよう。

　　　Nothing is certain except death and tax.
　　　（死と税金以外に確かなものは何もない）

　上の（　）内は普通の語順に従った直訳文である。頭から訳す方法を使えば次のようになる。

　　（1）確かなものはない——死と税金のほかには。
　　（2）この世で確かなものは、死と税金だけだ。
　　（3）この世で逃れられないものは、死と税金の二つだけだ。
　　（4）この世に確かなものは何もないはずなのに、死と税金だけは必ずやってくる。

　直訳文は何の変哲もない散文で、木で鼻を括ったように素っ気ないのは英語certainを「確かな」と定石訳したためで、せめて「死と税金ぐらいしか絶対確実なものはない」とでも感情をこめて訳していればまだしもよかったろう。だが、この直訳文の語順にこだわっている以上は、どう細工しようと、原文の語順がもつ「はらはら効果」（suspense）を再現することはできない。「はらはら効果」とは、もちろん、まず「確実なものは何もない」と文を起こしておきながら——「死と税金だけは別だが」と打っちゃりをくわせる修辞法のことである。

では、上の四つの「頭から訳す方法」のうち、どれが最も効果的にこの逆転法を日本語で打ち出しているだろうか。それは一概には言えない。いずれにしても意味は、はっきり伝わるし、(4)以外は長さもほぼ同じだからだ。が、原文とその簡潔さを放念して、あくまでも日本語文の問題として考えると、私感では、いちばん長い(4)が「知」と「血」の最も頃合よく絡み合った表現と思われる。

　もちろん、Brevity is the soul of wit.（短いのが機知の身上）と言われるように、上の警句の妙味がその簡潔さにあることは事実だ。が、英語の表現論理と日本語のそれとは異質である以上、日本文の勘所は英語人の感覚では割りきりにくい性格のものなのだから、この警句にしても、訳文では必ずしも語数の少なさをもって美（よし）とするいわれはないのだ。

　問題の英文は警句だと書いたが、そのうえ、もじり（parody）でもありそうだ。つまり、本来は、Nothing is certain except death. という警句だったのが、二語、and tax. が後から付け加えられて、今のかたちに変わった可能性がなくもない。これは私の思いすごしかもしれないが、もじりだとすると、「死だけは必ずやってくる」という厳粛な事実で終わっていた「本歌」に、「そして税金もだ」という甚だ現世的な一句が皮肉に加わっているという対比の妙も、できれば訳出したいものだという欲が出てくる。

　それはどう工夫すれば実現できるのか。いろいろあるだろうが、ひとつだけ試訳を記しておく。

　　　　この世で避けられないものは死だけだ——と思いきや、もう一つ、税金があった。

　訳文は短いほどよいというのは必ずしも真ならず、ということが上の例でお解り頂けたろう。お次は、明らかに尻上がり効果を狙った長文をひとつ料理してみるとしよう。

　　　　She refused to abandon the frenetic gaiety of Paris, the expensive

clothes she craved, her opulent house with its mirrored boudoir…or her new lover.
　（この女は、熱にうかされたようなパリの歓楽も、ほしくてたまらなかった金目の衣裳も、鏡つきの閨房がある豪奢な邸宅も……新しい愛人も手放すのを拒んだ）

　何となく間延びのした直訳調の訳文である上の和文も<……>以下の文末の処理如何では、精彩と躍動感たっぷりの生きた表現に一新する。

　　……鏡つきの閨房のある豪邸も手放せなかったこの妖婦は、まして、手に入れたばかりの愛人と別れることなど思いもよらなかった。

　上の決定訳には工夫が幾つか施されているが、それはひとつひとつ指摘するまでもあるまい。そのなかでも特に決め手となっているのが「まして」という一語の補充である。

　「まして」は副詞だが、ここで、「としては」という主格の助詞を活用する方法を紹介しておく。普通の訳し方は省略して、頭から訳して出来た訳文だけを記すことにする。

　　Omega is the first ever watch manufacturer to develop this technology.
　　オメガ社は、時計製作会社としては、まさに初めてこの技術を開発した企業である。

　この訳例では、頭から訳そうとしたために文末近くで「企業」という意味的には「会社」と重複する表現を補充する必要が生じたことに注意。（もちろん、「企業」でなくともよい。例えば、少し古い言葉だが、「事業体」とか）。

□ 定石的に頭から訳せる文型

　次は、頭から訳す方法をほとんど機械的に、定石として使える場合を例

第4章　頭から訳す技法

示しておく。

> Ted tried to comfort Grace by sending her a present.
> テッドはグレースを慰めようとして贈り物を届けさせた。

> I followed Betty, wondering where she was leading me.
> ベッティーのあとについて行きながら、一体どこへ連れて行くつもりなのかと（いぶかしく）思った。

　上の二つの訳文では、人称代名詞の省略も目立つが、何よりも、byで始まる副詞句と、wonderingで始まる分詞構文を訳文では文頭に置かずに、原文の順序どおりに後半で訳出したことがここでの主眼点であり、この方法を自由にこなせれば、頭から訳す技法がほぼ身についたことになる。

　頭から訳す方法は、実は特に指導されなくても多くの人が実行している自然な技法である。例えば、次の英文を to find 以下から先に訳す人はまずいないはずだからだ。

> He came back home to find his mother dead by heart stroke.
> 家に帰ってみると、母が心臓発作で死んでいた。

　なお、原文中のfindは訳すのを省略したほうがよい動詞の一つであることが多い。これは「省略の原理」の冒頭に記してもよかったほど基本的な定石であり、逆にこのfindを英作文で駆使できれば、その人は英語の「癖」の重大な一つを征服したことになる。

　もうひとつ、関係代名詞whichを含む文を訳すのに、それより後の部分から先に訳すのは考えものである場合が多いことも今では常識になっているが、さらに一歩踏み込んで、関係代名詞以後の部分を、それ以前の部分の理由または原因として訳すのが妙手である場合が意外に多いことも知っておくにかぎる。

> A Japanese military establishment, no matter how large, is unable to

defend Japan's vital interests, which are its world-wide sources of raw materials, its global markets, and it's far-flung life lines to these sources and markets.

　日本の軍事体制は、如何に大規模なものであろうとも、日本の重大な国益を防衛できない。なぜなら、その国益の基幹を成す原料の産地や製品の市場は世界中に広がり、それらと日本とを結ぶ生命線が長く伸びきっているからだ。

□ 視訳法（サイトラ）

　では、この章の総仕上げとして「サイトラ」（sight translation）と呼ばれる速読法と速訳法を兼ねた便利な実践的翻訳術で腕に磨きをかけてほしい。この「視訳術」は同時通訳者が本番の前に渡される講演原稿に素早く目をとおしながら、訳しやすいように英文の要所要所に「斜線」slashを入れ、そこで区切りをつけて長文でもまごつかないで頭から訳し下ろせるようにすることを目的としている。

　　After huge numbers of air traffic delays last summer,/ the Clinton administration has decided/ to take a markedly different approach this year:/ asking the airlines what to do.// Rather than deciding on its own/ how to handle thunderstorms and other problems,/ the Federal Aviation Administration will consult with the airlines/ every two hours,/ with conference calls and computer hookups.

　　夥しい数の飛行便遅延が昨年の夏に生じたため、
　　クリントン行政府は次の決定を下した。
　　これまでとは著しく違う方法を今年は採って、
　　どうすればよいかを航空会社に問い合わせることにしたのだ。
　　当局が独自の判断で
　　雷雨などの障碍に対処する代わりに

第 4 章　頭から訳す技法

　　　連邦航空局が各社と協議することになり、
　　　二時間ごとに
　　　電話や電脳による会議を行うことになったわけだ。
　　　　　　──（英文は、International Herald Tribune 紙──Mar.11-12, 2000
　　　　　より。区切り方は鳥飼玖美子氏による。同氏の『「プロ英語」入門』
　　　　　（講談社インターナショナル 2001）より。訳は中村）

[注意] 頭から訳す方法では、特に時制に気を使う必要がある。例えば、It was dark when we arrived を「暗くなった時に目的地に到着した」と訳すのは間違いで、「暗くなってから、到着した」が正解だ。It was dark. は、It had become dark. と同じだからであり、それゆえ、It was dark when we arrived. は、It became dark before we arrived. にひとしいわけだ。

第5章　構文を変える

　第4章で頭から訳す方法を試みた時、例えば、I followed Betty, wondering where she was leading me. という英文を「ベッティーのあとについて行きながら……」と訳し始めたのは、いわば原文が、Following Betty, I wondered where she was leading me. であるかのようにみなして──つまり構文変換をして──それを訳したのと同じことになる。

　このように、ひとつの技法を使えば、少なくとも別の用語を使って表すことのできる"他の"技法を巻き込む結果になる。この現象を私は「巻き込み」ないしは「絡み合い」と呼ぶ。頭から訳す方法を使えば、補充訳が必要になったのも、この「絡み合い」ゆえである。

　ひとつの語句がそれだけでは存立できず、他の語句や文脈全体と絡み合って初めて意味を成すことが多いのと同様に、技法もまた、複数のそれが絡み合って文を構成するのである。

　以上のことは、これまでの実習ですでに体得されたものとみなして、今後は特に重要な絡み合いの場合以外はとりたてて指摘せず、もっぱら個々の技法を集中的に扱うことにする。

　本章では、構文全体にかかわる技法を問題とする。その手始めとして、序数の疑問形という、英語には正式に存在しない構文を造るにはどうすればよいかを工夫する英作文の問題を解くかたちで、頭の柔軟体操をひとつ試みることにしよう。

　序数とは、英語なら、first, second, third……日本語なら「第一」「第二」「第三」……であり、その疑問形は「何番目」なのだが、how manyth という言い方が存在しない英語には「何番目」に相当する簡潔な表現がない。そこで、「私は何人目ですか」と英語で言いたい時には、「私の前には何人

第5章　構文を変える

いますか」などと迂遠な言い方をしなくてはならない。

　　　ジョージ・H・W・ブッシュは何代目の大統領でしたか。
　　How many presidents were there before George Bush?

これにたいして、Forty (presidents). という応答があったら、ジョージ・ブッシュはそれに「一」を加えた41代目の大統領であったことが解る。(口語では、What number was President Bush? という訊き方もあるようだが、これは、「ブッシュ大統領は何番？」ということなので、それを「何代目」と解釈するには、思考の飛躍が必要だ)。

　　　その人は第何子ですか。
　　How many elder brothers and sisters does she have?

これに応えて「5人います」ときたら、「その人」はもちろん「第6子」である。(もちろん、長幼の順を英米ではあまり気にしないという事実も忘れてはなるまい)。

　　　日本に来てから今年で何年目ですか。
　　How many years have you spent in Japan?

次は「いつから」や「いつまで」をどう英訳するべきか、という問題だ。since when や until when という言い方もあるが、あまり妙手とは言えない。

　　How long has it been raining up here?
　　ここではいつから雨が降っているんですか。

　　For four days.
　　四日前からです。

　　How long are you going to remain unmarried?
　　いつまで結婚しないでいるんですか。

次に最も簡単明瞭な構文変換の例を挙げておく。

One thing is certain.
確かなことがひとつある。

　上の英文は普通に訳すと「ひとつのことは確かだ」となるが、それでは何となくしっくりしないので、原文がThere is one thing that is certain.であるかのようにみなして、つまり構文変換して、和訳したわけだ。

Another torture was the school's severe discipline.
(もうひとつの苦しみは、学校の厳格な規律だった)。

　これを「砕いて」訳すと、「もうひとつ苦しかったのは、学校の規律が厳格なことだった」となる。つまり、Another torture was the fact that the discipline of the school was so severe.へと原文を頭の中で書き換えたうえで、それを訳した結果が、この砕けた和訳なのだとも言える。(なお、直訳文では「もうひとつの苦しみは」となっていたのを「もうひとつ苦しかったのは」と言い換えてあるが、これは名詞「苦しみ」を形容詞「苦しかった」へと「品詞転換」したものである。「品詞転換」については、第7章で詳述する)。

Few things are so valuable as this.
(僅かなことしかこれほど貴重ではない)。

これほど貴重なものはめったにない。

Not many people can do such a thing.
(あまり多くの人はこのようなことができない)。

こういうことのできる人はざらにはいない。

Some people went out, others came in.
(一部の人が出て行き、他の人たちが入って来た)。

出て行く人もあり、入ってくる人もあった。

第5章　構文を変える

　以上の三例文に共通しているのは、直訳文では「AはBである」または「AはBする」であったのを、「BであるAがある」または「BするAがある」という構文に変えられていることだ。

　この構文変換によって、大なり小なりぎくしゃくしていた直訳文が如何になめらかになりうるかを、読者は目の当たりに見たわけだ。

　特に some を含む語句や文は、他の技法よりも機械的、自動的な操作によって、読み易い日本文に意訳することができる。その一例が数行前の Some went out.（出て行く人もあった）であり、これから挙げる二つの例はその延長であり、応用にすぎない。

　　Sometimes he cuts his breakfast.
　　（時々、彼は朝食を抜きにする）。

　　あの人は朝食を抜きにすることもある。

　　Some days he walks to his office, some days he takes bus.
　　（日によっては歩いて出勤し、また日によってはバスで行く）。

　　徒歩出勤する日もあり、バスで通う日もある。

　次は、第4章ですでに見た分詞構文などを頭から訳す方法を、「同時」を意味する接続詞 as が使われている英文に応用する逆転技法である。

　　He was looking around surreptitiously as he walked along.
　　（彼は歩いているとき、こっそりあたりを見回していた）。

　　こっそりあたりを見回しながら、歩いていた。

　　He kept his hands in his pockets as he played the trick.
　　（手品をする間、両手をポケットにいれたままだった）。

　　両手をポケットに入れたままで手品をやった。

上の二文とも、文法形式を重視すれば、as以下を先に訳すことになるが、日英語間の実質対応をめざす翻訳では、原文の順序どおり、asより前の部分から訳すことが支障なくできれば、原作者の発想をそのままの順序で追うことができる。この方法を「構文を変える」の章に含めたのは、すでに示唆しておいたことだが、上の二番目の英文を Keeping his hands in his pockets all the time, he played the trick. であるかのようにみなして——つまり構文の変換を行って——訳したと言えるからだ。

　もちろん、実際には上のようなかたちで原文の構文変換を頭の中でいちいち行わなくても、慣れてくれば自由にこの頭から訳す技法と構文変換とを組み合わせたような手法を使えるようになれる。ただ、いつも英文法というものを念頭に置いて正確な訳文を綴るためには、自分は今、構文変換訳をしているのだという意識を心の片隅で働かせておくに限る。そうしておけば、良い訳文を迅速に生み出せる見込みが大となるのだ。

　asばかりではなく、when や where, ひいては because などの接続詞すら、上と同じ扱いで訳し下すことができる。

　　A woman gives herself to God when Devil wants to do nothing more with her.
　　（女は、悪魔が彼女に何の用もなくなったときに、神に自分を捧げる）
　　女性が神に心を捧げるのは、悪魔に見放された時である。

　　$e=mc^2$, where e means energy
　　（e をエネルギー量とした場合、$e=mc^2$ となる）。
　　$e=mc^2$、（この等式中の）e は「エネルギー」を表す。

　　I did not want to eat anything at all, because I had been confined to bed with cold all day long.
　　（一日中、風邪で寝たきりだったので、何も食べたくなかった）。

何も食べたくなかったのは、終日、風邪で寝たきりだったからだ。

［注意］すべての場合にこの逆転法が最適訳になるとは限らない。特に最後の用例では、文脈如何によっては、（　）内の直訳のほうが適切でありうる。例えば、「母が食事を持ってきてくれたが」といった文が先行していれば、直訳のほうがずっとなめらかに先行文とつながる。何度でも言うが、最終判断は「全体感覚」または「平衡感覚」に委ねるべきなのだ。

□ 逆転訳

これは「AはBである」を「BはAである」と順序を逆転させて訳したほうが解りやすくて、読者に親切な訳文になる場合である。

Protest songs by song writers and guitar players were the most efficient forms of political protest during the 20 years of total darkness in that country.

同国の20年に及ぶ完全な暗黒時代で最も効力があった政治的抗議運動の手段は、作詞家とギター奏者の合作による抗議の歌だった。

もちろん、如何なる場合でもbe動詞の前後を入れ替えればよいというものではなく、際立ってbe以下がbe以前よりも長い場合にのみ、これは効果を発揮する簡単で大胆な構文転換法である。なお、原文では「作詞家とギター奏者による」となっている個所を、両者の「合作による」としたのは、作曲はギター奏者の即興によるものと解釈したゆえの意訳である。（この場合の意訳——正確には補充訳——と言えば、原文では「政治的抗議」だけだった表現を「政治的抗議運動の手段」へと変えたのも、文意をはっきりさせるためのささやかな工夫である）。

□ 原文にない休止を置く

厳密には構文変換とは言えないが。比較的に長い原文を訳すのに、途中

で、原文にはない休止を置き、そこでいったん終止符を打ってから、あらたに文を起こすという「意訳」をしたほうが読みやすくなる場合もある。二つの例でこの「臨時休止」を体得して頂く。

>As if two shots in his head were not enough, we had the indescribably horrible blows to the head with a blunt instrument. How many men can do that to his young, beautiful wife or have anyone else do it is almost beyond comprehension.

上の英文は、途中で一回、終止符が打たれているきりだが、それを二回に増やしたほうが段落全体が読みやすくなる。二つ目の終止符はどこで打ったら最も効果的か。その説明は省き、早速、実行してみよう。

>頭部に撃ちこんだ二発ではまだ足りぬとばかりに、名状しがたいほど残酷な打撃を鈍器で頭部に加えたのであります。自分の妻、それも若く、美しい妻にこんな仕打ちをしてのけられる男が一体、いるでしょうか。/ たとえ、人を雇ってやらせたにせよ、これは人間の理解を絶しています。

斜線を付したところが、原文では途切れていないのに訳文では終止符を打った個所だ。もしそこで文を切っていなければ、「若く、美しい妻にこんな仕打ちをしてのけられるか、誰か他の人にそれをやらせるかする男がこの世にいるなどとは、人間の理解を超えたことであります」となって、文がこみいって、読みにくくなる。

第二の例は、かなり長い引用文の冒頭近くに地の文が"挿入"されている原文の処理の仕方という問題も含んだものである。英文ではよく"Well," she said, と文を起こしてから、あらためて "I think that…" というふうに本体を直接話法で述べる叙述法があるが、これから問題にする例文では、she said のところに、I pointed out が"挿入"されている。そこに注目しながら、第二例文を解読し、訳表現してみてほしい。

第5章　構文を変える

　　　　"Alan Palliko," I pointed out, "had not had the upbringing we associate with murder and crime. He was not the product of poverty and violence; he did not come from broken home. His life had been resplendent with opportunity."

　　　　「アラン・パリコの生い立ちは、殺人や犯罪などから連想されるようなものではありません」と私は指摘した。「パリコは貧困と暴力の申し子ではないのです。落ちぶれた家庭の出身ではなく、その人生は出世の機会に恵まれて燦然と輝いていたのであります」。

　ここでは、原文のセンテンス数は三つで、そのひとつにはセミコロンが含まれているので、実質的には全文で三つ半のセンテンスから成っていると言える。上の訳文では、それを三センテンスに減らしたわけだが、何よりも問題なのは、「と私は指摘した」という"挿入"部分を原文とは違う位置で訳出したことなので、その新しい位置がどこであるのか、という点に注意して頂きたい。一見、些細なことだが、翻訳でも小さな工夫の積み重ねが結局はものを言うのだ。

　原文が短い場合には、こういう"挿入"部分を訳出しないで、ひとつの連続した引用文にしてしまう訳者が少なくないが、台詞の冒頭部分をいわば看板のように浮き彫りにして、次にくる本体部への道を用意する働きをするこの挿入を、よほどそれが煩わしい場合以外は、忠実に訳すほうが好ましいというのが私見である。

　　　　"Okay, Mr Policeman," Alma began, "What do you want to know?"

　　　　「いいわ、お巡りさん」とアルマは切り出した。「知りたいことは何なの？」

□ 最も基本的な構文転換

　ある翻訳学者は文章の最小単位を「核文」と呼び、その一例として次の

文を挙げている。

　　　　John runs quickly.

　さて、この英文の訳し方は「ジョンは速く走る」しかないと思う人は、もう一踏張り、第4章で体得した頭から訳す方法と本章の構文変換訳法とを同時に念頭に想いうかべて、もう一つの訳し方をひねり出して頂きたい。

　　　　ジョンは駆け足が速い。

　そう、それでいいのです。そうすれば「ジョンは速く走る」と同じくらい正しい訳になると言うよりも、むしろそれ以上に正しい訳なのです。

　なるほど、「主語＋動詞＋副詞」という文法構成に則しているという点では、「ジョンは速く走る」がほとんど唯一の正しい訳し方なのだが、「ジョン」「走る」「速い」という語順に忠実に従っている点では、すでに何度か示唆したとおり、「ジョンは（駆け）足が速い」のほうがずっと原文に近いわけだ。（もちろん、「走るのが速い」でも同じだ）。

　どちらを選べばよいのかとなると、やはり文脈によるとしか言えないが、もし問題の英文が単独で語られるか、書かれるかしていたならば、「ジョンは足が速い」のほうを私は選ぶだろう。そのほうが「速く走る」よりもずっと親しみのある日本語と感じられるからだ。

　それにもかかわらず、文法一点張りだったと言ってよいこれまでの英語教室では、「足が速い」のほうはほとんど無視され、「速く走る」のほうを正訳とする傾向が断然、強かったのである。

　以上のことなどから、従来の英語学習法が日本語の実態にそぐわない不自然な訳し方にとらわれていたことが多いと、またしても言えるわけだ。

　文法尊重訳よりも構文転換訳のほうが自然な訳文になる場合は、John runs quickly. という文型に限らない。同じくらい基本的な、John works quickly. にしても「ジョンは仕事が速い」と訳したほうが「速く仕事をす

第5章 構文を変える

る」よりも自然だし、実際に則している。

　逆に、John works slowly. の場合には、「ジョンは仕事がのろい」と訳すとジョンの欠陥を表すことになるが、「ジョンはゆっくり仕事をする」だと、「ゆっくり着実に仕事をこなす」の意である時には、褒め言葉になる。

　John eats much. を「ジョンは大食いだ」と訳すと「大食漢」に近く、貶し言葉になるが、「健啖家」と訳せば褒め言葉になる。「ものは言いよう」というが、まさにこの場合がそれである。そんな曖昧な説明では困るというのであれば、eat much（with gusto）なら「健啖家」と訳し、eat too much には「大食漢」という訳をあてればよい。

　ここで実例から離れて、一般原理をひとつ述べておく。大ざっぱに分ければ、文章には三種ある。第一は、表現の対象となっている事物をを褒める「プラス文」、第二はその反対で何かを批判する「マイナス文」、第三はそのいずれでもなく、ある事実をなるべく価値判断ぬきで淡々とありのままに表現する「中立（ニュートラル）文」である。訳している文がこの三つのうちのどれであるかによって、おのずから文の調子が違ってくるわけだ。

　話は本筋から逸れたが、多義語が多い英語にたいして、類義語が多い日本語というものの用法は複雑微妙であるが、それを逆手にとって類義語を活用すれば、訳表現を豊かなものにすることができるわけだ。

　なお、「主語＋動詞＋副詞」（例：He talks rapidly.）の文型を「主語所有格＋名詞＋be動詞＋形容詞」（例：His way of walking is slow.）に変換して訳す場合は、頭から順に訳す技法であり、構文転換訳法でもあると前に記したが、それはまた、この二章あとで扱う品詞転換訳法の応用であると分類することもできる。

第6章　態の転換

　まず、先行詞をもたないthey代名詞が主語に使われている能動文は、受動文に転換して訳さないと正しい日本文にならないことが多い。このtheyは、「世人」「国民」「隣人」などをやや漠然と意味する代名詞で、より具体的には「警察」「犯罪集団」などのほか、何らかの「組織に属する人たち」や、一定地域の「住民」を総称する時に使う。

　　　They speak English in America.

　このtheyはAmericansを意味していることは明らかなので、まごつくことなく次のように「態転換」訳できる。

　　　米国では英語が使われている。(または「米国人は英語を話す」でもよいが、日本に来て日本語を話す場合もあるので、厳密には「米国では……」のほうが正確ではあるまいか)。

　speak (喋る) がなぜ「使われる」に変わるのか、その理由は簡単だ。書くのと話すのとでは、話すほうが基本的だと考えられているからであり、英語ではspeech (話すこと) が書くことをも含む言語活動全般を代表する用語としてよく使われもするからだ。

　　　They drink vodka in Russia.
　　　ロシアではウォッカが飲まれている。

　　　They say there will be a big earthquake soon.
　　　もうすぐ大地震があるという噂が流れている。

　但し、次のような英文でいきなりtheyが飛び出してきた場合は、その具体的な意味を文脈から推定して、普通名詞に変える必要がある。受動態への変換は不必要である。

第6章　態の転換

　　　They come prowling every night to pilfer.
　　　こそ泥が毎晩、うろつき回っては、くすねて行くんですよ。

　次の文例では、受動態に切り換えてもよいが、能動態のままで訳すこともできる。但し、主格の助詞を「は」から「では」に変える必要がある。（第22章「日本語の長短」参照）

　　　They say in America that Japan is an economic power.
　　　米国では、日本は経済大国だと言っている。

　比較的に短い文章内で主語が何度も変わる場合には、混乱を防ぐために「格転換」を行って、主語の数を極力、少なくすることが望ましい。

　　　Adam came by to chat but anybody didn't listen to him.
　　　アダムが駄べりにやってきたが、誰にも相手にされなかった。

　次は、他動詞から造られた「能動形容詞」を態転換して「状態形容詞」に変えて訳出する技法だ。これは多くの人がほとんど無意識的に実行していることだが、ここではそれを意識の表面に上らせて、方法化しておく。「能動形容詞」embarrassing（人を困らせる）を「気まずい」という「状態形容詞」に変えるのがその一例である。（第21章「英語学習の盲点」形容詞の項、参照）

　　　The situation was so embarrassing that no one spoke for a while.
　　　その場があまり気まずかったので、暫くの間、誰も口をきかなかった。

　　　His explanation was misleading.
　　　あの人の説明は誤解を招きかねないものだった。

　　　His suggestion was disappointing.
　　　あの人の案にはがっかりした。

　see は「見る」と訳すより「見える」としたほうが自然な場合が多いの

と同様に、noticeなどの認知を表す他動詞も自動詞として訳出したほうが効果的となることがよくある。この手法には簡単に主語を省略できるというおまけまでついている。

　　He noticed a mysterious object shining brightly at the top of the mountain.
　　山頂でぴかぴか光っている謎の物体に気づいた。

「感情」などの抽象名詞が人間などに働きかけるかたちになっている英文は受動態に変えて訳したほうが自然な和訳文になることがある。

　　Strong emotion took hold of me.
　　強い感動に（私は）捉えられた。

上の例文では、「強い感動が私を捉えた」のように原文どおりの能動態で訳したほうが却って効果的かもしれないので、もっと適切な例を挙げておく。

　　Feeling of remorse overwhelmed my heart.
　　悔恨の情で心が打ちひしがれた。

これまでに述べたことをごく短い文ひとつで要約すると──

　　It worries me. は、I'm worried about it.（それが気がかりなんだ）と態変換できる。

［特例］日本語では、「交通事故死する」「戦死する」と言うのが普通だが、英語では、こういう場合にも kill の過去分詞形を使って表現する。

　　She was killed in a road［traffic］accident.
　　He was killed in the war.
　　　［road accident は British English］

第6章 態の転換

□ 他動から自動へ

　　　　Rest assured that things will turn out all right.
　　　　万事、うまくいくから安心していていいよ。

　冒頭の rest は「～のままでいる」を意味する動詞で、assure は「保証する；安心させる」という意味の他動詞。assured と過去分詞形になると、「安心させられている」と直訳できるが、もちろん、それは厳密すぎる訳し方で、誰でも「安心している」と訳して平気でいる。考えてみれば、I'm tired,を「疲れさせられている」と馬鹿丁寧に直訳する人はいないのだ。無意識のうちに転換を行っているとも言えよう。この場合の転換は態から態へのそれではなく、他動から自動への転換なのである。以下、暫くこの転換を例示する。

　　　　A large dog rushing out of the corner surprised me.
　　　　角から急に大型犬が飛び出して来たのでびっくりした。

　英語では、他の人間や、人間以外の生物や、はては無生物でも、(他動詞によって) 直接に人間に働きかけることが日本語よりもはるかに多いが、それを直訳して——上のような場合なら「驚かせる」と——表現する場合と、「驚く；びっくりする」と表現する場合とがある。どちらを選ぶかは訳者の好みにもよるが、上の例文で「驚かせる」のほうを選ぶと、お馴染みの原理によって、訳文全体を変えなくてはならない。つまり、例えば「角から急に飛び出して来た大型犬が私を驚かせた」のように、まさに翻訳調で訳さなくてはならないわけだ。

　こうなると、やはり「びっくりする」のような自動詞を使う構文のほうが和文として自然である、ということになると言えよう。

□ 再帰法の意訳

　「自動詞訳」のほうが自然に感じられる第二の場合は、再帰法 (他動詞＋

oneself）の場合である。

  I forced myself to work continuously.
  私は無理して、ぶっとおし働きつづけた。

　上の訳文のほうが「私は、ぶっとおし働くことを自分に強いた」より自然で、すっきりしていることに異存のある人はいないだろう。force myself を再帰法に忠実に「自分を鞭打って」と意訳したところで、「ぶっとおし働かせた」とはならずに「働いた」という自動詞を使うことになるのだ。

  He allowed himself to rest just for six minutes.
  気を許して六分間だけ休んだ。

　allow oneself という表現は意味深長で、上のように訳せる場合も多いが、時には「〜することを自分に許す」と他動的に直訳しないと原意を正しく伝えられないのはもどかしい。堅苦しい直訳でしか再表現できそうもないこういう英語句を自然な日本語に意訳できた時の喜びは格別である。例えば——

  I allowed myself to be persuaded by my teacher.
  私は先生に説得されるがままになっていた。

　他動から自動への転換という問題で最も一般的な例として挙げることができるのは、次のような文の場合だろう。

  A controversy over racial discrimination caused a civil war.
  人種差別をめぐる論争が原因で内戦が勃発した。

　和文では、他動詞よりも自動詞が文末にくるほうがと文意がはっきりするので、上の英文は、「〜が≈をもたらした」と直訳するよりも、「〜が原因で≈が起こった」のように構文変換訳をすることが望ましい。

第6章　態の転換

□ 体言どめ

　これは、訳文の文末を動詞や助動詞で締め括らないで、体言すなわち名詞で打ち切ってしまう方法であり、第22章「日本語の長短」にも二つほど、用例をあげておいた。ただ、それは原文が普通の終わり方をしているのに、訳文では体言どめを使ってみただけだったので、ここでは一種の体言どめがすでに原文で使われている場合を紹介しておこう。

　　　　Frailty, thy name is woman.
　　　（弱きものよ、汝の名は女なり）

　上の直訳文はシェイクスピアの名文句を坪内逍遙が訳したものである。英語では、文を名詞で締め括ることは、ごく当たり前のことなのだが、上のように、ちょうど誰かに呼びかけるのと同じに、frailty（弱さ）に呼びかけて、そこで一呼吸置いてから、「汝の名は～である」と文を締め括る表現法は日本語の体言どめを文頭で使った語法だと言えよう。

　しかし、「Aよ、そなたAの名はBである」という修辞法は日本語にはないので、面食らう人が多い。散文的に訳せば「弱いものとは女性のことである」という解りやすいが面白味のない文章になってしまうのを防ぎながら、現代日本人にも解る名句にこの短い英文を訳せるものだろうか。

　工夫ひとつでそれが可能となるのだ。その工夫の一例が福田恆存訳の次の言い回しである。

　　　　たわいのない、それが女というものか。

　体言どめの話が古典の名訳の紹介と重なるが、長く読み継がれてきた古典の訳は、やはり長もちする堅固な名訳でなくてはならない。

　さて、一段落したところで、頭から訳す技法と、構文変換と、途中で文を区切る方法の三つが入り混じった訳例を挙げて、最後の仕上げと行こう。

George looked carefully at her expression, wondering if a woman really could be so vengeful as he guessed Janey Summerston had been.

相手の表情を念入りに窺いながら、ジョージは考えた。一人の女が、俺の見当ちがいでない限りジェイニー・サマストンがそうであったほど激しい復讐の鬼と化すことが本当にありうるのだろうか、と。

　これは純語学的なことだが、上の原文の最後の部分は、解読が難しい。ジョージはサマストンがこれまで激しい復讐心に駆られていたのだと推量していて、それほどまでに女が深い恨みを抱けるものだろうか、といぶかしく思っている、という解釈を上の訳文脈に組み込んで訳出する必要があるからだ。「サマストンがそうであったほど」と原文末を訳した私はそれに成功したろうか。読者はこれをどう訳されるだろうか。

　「構文変換」の章はひとまずこれで終わるが、ついでにここで少し、直訳では意味がとりにくい短文や語句を「完全意訳」する必要がある場合を幾つか例示しておこう。この場合には、英→日の方向で訳そうとするよりも、同じような状況では、日本語では何と言うのかと考えて、その日本語を充てるようにすればよい。

　　　Attention please.　　　ひとことお知らせ致します。

　　　politically correct　　　無難な正論の立場をとっている。
　　　　（この英句は「政治的に公平な」とか「いかなる差別もしない立場をとる」という意味なのだが、なぜfairというような倫理的に通常の用語を避けているのかと考えると、かなり皮肉な侮蔑の意も含まれているように感じられるので、上のように私訳してみた）。

　　　styrofoam cups　　　紙コップ；使い捨てのコップ
　　　　（厳密に言うとstyrofoamとは「発泡スチロール」の一種で造ったコップの商標名である）。

第6章 態の転換

wholemeal bread　無漂白パン
（厳密には「胚芽やふすまを取らずに挽いた全粒小麦粉のパン」を意味するのだが、「無精白パン」と訳しても、そういうパン名は日本では使われていないようなので、誤訳を承知で漂白剤ぬきの「無漂白パン」と"意訳"することも、少なくとも「食餌に神経質すぎる人の食べるパン」というようなイメージを印象づける目的で使われている場合には、許される、と私は思っている。ちなみに「玄米パン」は a whole-milled bun である）。

第7章　品詞転換

　例えば名詞という品詞を和訳するに際して、それを名詞のかたちで訳出せずに、他の品詞を使うこと、それが品詞転換である。品詞は名詞以外にもいろいろあるので、品詞転換もさまざまな組合せが可能であるが、まず名詞からの品詞転換を採りあげたのは、動きや行為を表す英語の名詞はたいがいが動詞から来ているので、その動詞に名詞を戻す——還元する——ことによって、いわば名詞を「崩す」ことができ、それだけ語意を平明に表せる度合が特に大きいからである。

　ここまで読めば、「補充訳」の章で、refusal to believe in human goodness という句中の名詞 refusal を動詞 refuse に還元してみたら、難なく文意がつかめたあの経験を思い出した読者も多かろう。まずはその要領で、「名詞→動詞」転換を最終的に会得してから、他の転換法を順次に攻略するとしよう。

□ 名詞からの品詞転換

● 名詞→動詞

　　His *failure* to have contact with the other side was fatal to him.
　　あいつが相手方と接触しそこなったのが、結局は奴の命とりとなった。

　　The man who reads only for *improvement* is beyond much *improvement* before he begins.
　　自分を向上させようとして読書をする人は、読み始める前からすでに向上できる見込みがたいしてないのである。

[注意1]「読み始める」の原語がbegin 一語であることに注意。ただ「始める」と訳しただけでは、この場合、正訳ではない。

[注意2] 文脈から離れても成り立つこの警句の真意はつかみにくいが、読書はまず楽しみにすべしと説いているのだと私は解した。「文を直してやろうという目的だけで文を読む人は、処置なしだ」という皮肉な文句とも採れるのだが。これは複数の解釈から一つを選ぶ「決断」の一例だ。

● 名詞→形容詞

I can't help feeling a lingering preference for the simple *innocence* of the siroto over the initiated *experience* of the kuroto.

専門の道に入って経験を積んだ玄人よりも、単純素朴な素人のほうに未練を感じざるを得ない。

[注意1] a lingering preference を直訳すれば、「いつまでも尾を引く好み」といったところだが、それを「未練」と訳してみたのは、作者がお察しの通り日本通なので、たぶん「未練」という語を意識していたものと判断されたからでもある。

[注意2] prefer A to B （BよりAを好む）が普通だが、上のように to の代わりに over が使われることもある。

● 名詞→副詞など

I took a look in *some* of the other huts.
ほかの小屋も何軒か覗いて見た。

[注意]:「何軒か」の「か」の品詞は国文法では副助詞と言うそうだが、一応、副詞とみなしておいた。

He accepted the *whole* of the proposal.
その提案をまるごと認めた。

They used up *all* of their food supply.
手持の糧食をすべて食べつくした。

[注意]：名詞 all が副詞「すべて」に転換されている。「食べつくした」は複合動詞で、「つくす」だけでも「すべて」を含意しているので、上の訳文は重複表現だともみなせる。

□ 形容詞からの品詞転換

● 形容詞→名詞

  a *very good* angler　　魚釣りの<u>名人</u>

 Japan can play an extremely important role in helping create a *peaceful* and *prosperous* world.
 日本は世界の<u>平和</u>と<u>繁栄</u>を築く上で極めて重要な役割をになうことができよう。

 Man is as *old* as he feels ; woman is as *old* as she looks.
 男の<u>年</u>は当人の気持ち次第、女の<u>年</u>は当人の容貌次第。

 ［注意］：old が「年」に品詞転換しているほか、feel が「気持ち」、look が「容貌」に変わり、as 〜 as が「次第」へと転換している。すなわち、三種類の品詞転換が行われているわけだ。いつも言うとおり、ひとつの原文を訳すのにも幾通りかの手法が使われうる、という原則を忘れないように。

● 形容詞→動詞

 Young men want to be *faithful* and are not ; old men want to be *faithless* and cannot.
 男というものは、若いうちは女を<u>裏切るまい</u>とするが、現実にはそうは行かない。年をとると、今度は<u>浮気をしたがる</u>が、もはやそれは無理というものだ。

第7章　品詞転換

● 形容詞→副詞

　　There are *other* reasons　ほかにもまだ理由がある。

　　He made *another* blunder　またもやへまをやらかした。

　　There are *many* people around the flag pole.
　　掲揚塔の周囲に人が大勢、集まっていた。

　　"Don't shoot unless I'm dead," he answered in the *same* toneless voice.
　　「俺が生きている限り、撃たないでくれ」と彼は相変わらず淡々とした口調で答えた。

　　Is that the *only* way to go there?
　　そこへ行く道は、それしかないのか。

　　That is why *most* beacons are built on uninhabited planets.
　　それだからビーコンはたいがい居住民のいない惑星に建てられているのだ。

　　The *entire* front of the truck was covered with flames.
　　トラックの前部がすっかり火に包まれていた。

□ 副詞からの品詞転換

● 副詞→名詞

　　If a beacon has to go on a planet with a culture, it is *usually* built in some inaccessible place.
　　文化のある（原住民のいる）惑星にビーコンを設置する必要がある場合には、どこか人の近づけない場所に建てるならわしになっている。

● 副詞→動詞

　Four Phantom fighters have *reportedly* been ordered to take off pending the President's final decision.
　大統領の最終決定がくだるまで、とりあえず、ファントム戦闘機四機に発進命令がくだったと報じられている。(文末の部分を「報じられているところでは」と副詞句に変えて文頭に置く手もある)。

● 副詞→名詞

　He *habitually* flies into rage.
　彼は癇癪を起こす癖がある。(「癖」という名詞だけに変えるのではなく、もちろん「癖がある」に変えるわけだ)。

● 副詞→形容詞

　I couldn't behave *impressively* at the party last night.
　ゆうべのパーティーでは、どうしても堂に入ったそぶりができなかった。(ここでは、動詞 behave の名詞化も同時に行われている)。

　以上、列記したのは、実際にありうる品詞転換のごく一部である典型的な場合のみであることを忘れないで、常に自由に品詞を転換できるよう、柔軟な態度で原文の単語の意を汲みとりながら訳し進められたい。

　例えば、冠詞→副詞の転換例として、*A* man was lying dead. (男が一人、斃れていた) というのも考えられる。要するに日本語らしい訳文を綴ろうという意思さえ強ければ、「ルール」は自己発見法によっていくらでも見つかるのだ。

第8章　主語と格

　日本語で「主語」と言っても、それが英語subjectの訳である時には注意が要る。subjectとは単に「語」（one word）ではなく、数語から成る「主部」を意味することも多いからだ。したがって、本書では、単語の場合には「主語」、複数の語から成る場合には「主部」と呼ぶことにする。

□ 格とは何か

　「格」（case）とは、英語の名詞や代名詞が文章内でどういう働きをしているかを示す、いわば目に見えない、各単語の在り方を意味する。この定義では、何のことやら見当がつかないかもしれないので、早速、実例を挙げよう。

　The doorman announced a guest's arrival. の主語であるdoormanの「格」は目に見えない主格なので、この文中のdoormanはどう訳すのかとの質問に「送迎係」などと答えるのは間違いで、正しくは「送迎係が」と訳さなくてはならない。主格の次は所有格で、この英文中のguest'sの<'s>が所有格の意味「の」を表す。それと切り離されたものとして文末のarrivalを考えれば、その格は目的格であり、そこに隠れている意味は「を」である。（「に」が、隠されている目的格──厳密には間接目的格──の働きをしていることもある）。

　以上を人称代名詞に適用すると、例えばweは主格、ourは所有格、usは目的格で、それぞれの意味は「我々が」「我々の」「我々を（に）」となる。以上はごく初歩的なことなのだが、格の概念をしっかりと把握していない人も多いので、復習してみた。

　さて、次の短文で、まずは主語そのものというよりは、主格の訳し方を

おさらいしてみよう。

　　　　New York has knocked some of corners off you.
　　　（ニューヨークが角のいくらかをきみから叩き落とした）。

　上の直訳文と原文とをじっくり見くらべて、すぐに文意がつかめる人は自分の英語解読力と勘のよさにかなり自信をもってよい。正直に言って、私はこれは慣用句辞典を引かなければ解読不能だ、とまず思った。が、ふとこの文の要語である corner は「丸くなる」という意味で「角が取れる」という時の「角」のことではあるまいかという気がしたので、一般辞典で確かめてみたら、そのとおりだった。日英語間で、このように比喩または心象（イメージ）が一致することは稀なのだ。（そう言えば、「丸くなる」にしても日英共通で、be rounded off や round *somebody* off という英句もあるのは二重の驚きだった）。

　そうと解れば、あとは簡単で、のちに説明する「中間訳」法を何回か試みて、次の試訳に達することができる。

　　　　ニューヨークが原因で、きみの角のいくらかが取れた。

　あとは、この訳に磨きをかければよい。第22章「日本語の長短」で述べる主格の助詞「が」と「は」と「も」の3語から1語を選んで、決定訳を綴れば完成だ。（「は」を主題の助詞とする文法解釈もある）。

　　　　ニューヨークのおかげで、きみもだいぶ角がとれたね。

　上の決定訳文中の「も」は「（きみ）もまた」というよりは「は」の強調型として使われている。

　言うまでもなく、上の例に使われている手法で最重要なのは「態の変換」であり、次には、「主語の副詞化」であるが、名詞の副詞化ならすでに「品詞転換」の章で学習した技法である。英和翻訳では、原文の主語は常に「は」か「が」か「も」という格助詞をつけて訳出しなければならな

い、という規則にも例外がある。上の決定訳中の主語「きみも」さえ省略可能であり、二人だけの会話の一部だったら、省略したほうがむしろ自然なくらいだ。

　subject（主語または主体））は agency（主動因）に通じるもであり、「動因」ということになれば、A moves B. を「A が原因で B が動く」と訳すのは理に叶ったことなのだ。

□ 代理主格句

　次は、「が」や「は」や「も」以外に主格を表す日本語として使える「代理主格句」を列記してみるとしよう。

- としては：
  The Canadian Government intends to support the project.
  カナダ政府としては、同企画を支持する意向だ。

- としても：
  I suppose he does not want to undertake the task.
  彼としても、そんな仕事は引き受けたくないはずだ。

- にしたって：
  I'm afraid John too wouldn't agree to the proposal.
  ジョンにしたって、こんな案には賛成しないんじゃないかな。
  （「にしたところで」も使える）

- には：
  He has power.
  あいつには、力がある。

- にも：
  Even that sissy has a will of his own.
  あの弱虫にも、意地がある。

- と言えば：
  A Mini is a rather old type of small car.
  ミニと言えば、かなり古い小型車のことだ。

- ときたら：
  He says that he loves me so much. Oh!
  あの人ときたら、とってもあたしを愛しているんですって！

- ならば：
  A dictator like Hitler can hypnotize a majority of his nation.
  ヒットラーのような独裁者ならば、国民の大半に催眠術をかけられる。

主格の助詞の代用をする以上のような句は、まだほかにもあるのだが、列挙するのはこれくらいにして、再度、「には」を採りあげて、上の場合よりも一般的に使われる用法を（knowとneedを含む原文を和訳する場合を例として）確認してみるとしよう。（A have B. の文型を「AにはBがある」と訳せることはすでに見た）。

- knowの場合：
  A knows B.
  1) AにはBが分る。（＝ A can recognize B. 「見分けがつく」）
  2) AにはBがどんな人間であるかが解っている。（＝ A has found out what B is like.）

第 8 章　主語と格

- need の場合：
A needs B.
A には B が必要だ。（A は B を必要としている）。

□ 格を見分ける

ひとつの単語——特に人名や代名詞——の格が主格か目的格か間接目的格のいずれであるかを見極められないようでは正訳はとてもおぼつかない。例えば、次の短文の冒頭の Who をあなたは何格と見るか。

　　　Who's Michael protecting?

主格でしかありえない、と言うのでは先が思いやられる。主格だったら、当然、全文の訳は「誰がマイケルを保護しているのか」としかなりえないはずなのに、そう訳したのでは、英文法の第一基本である「主語＋動詞＋目的語（または補語）」を裏切ることになるからだ。

その基本に従えば、Who を主語とする限り、「誰が、保護しつつあるマイケルなのか」という訳しか不可能で、しかもこの訳文中の他動詞 protect は何の目的語も伴っていないので、「誰が、誰かを保護しつつあるマイケルなのか」という珍妙な訳文にしかなりえないのだ。

そこに気づけば、現代英語では who は whom を兼ねていることをたとえ知らなくとも、マイケルがこの文の主語なのかもしれないと疑ってみるだけの心のゆとりができて、それならば「マイケルが保護しつつあるのは」とつなげて考えることができ、最後に「誰なのか」と締め括れる、というものではないか。そこで、念のために who を辞書で引いてみると、案の定、who の目的格語 whom としても使われることが解って、自信をもって次のように正訳できることになる。

　　　マイケルは誰をかばっているのか。

もうひとつ、やはり短文で、格のつかみにくい難文に挑戦してみよう。

　　　I'll try to make you a good husband.

　旧来の文法でこれを解けば、簡単に次のように訳せる。

　　　あなたを立派な夫に仕立て上げるつもりだわ。

　男性としては、こう言われて、やに下がるわけには行かないが、現代女性なら口にしかねない言葉である。だが、実のところ、上の英文はまさに男が自分の妻に言っている言葉なのだ。どう解釈したらよいのか。

　その謎を解く鍵は動詞makeにある。普通の文法に則せば、このmakeは使役の他動詞で、「you を a good husband にする」という意味だ。ところが、新しい用法によれば、makeは「～になる」という意味の自動詞としても使われるので、ここでは明らかに「きみのために良き夫になる」と解読するのが正解なのだ。だが、make が become と同じなら、なぜ make you は「きみになる」ではなく、「きみのために～になる」という意味に（「きみ」の前に間接目的前置詞の for をつけた場合とひとしく）解さなくてはならないのか。

　この疑問を解くには、いささかこじつけめいた分析が必要なのだが、それはここでは省くとして、とにかく、このように文法そのものが変わる――というより――次第に柔軟性を増しているので、新しく書かれた英文にたいしては、それを読み解く側にも柔軟な態度が要求されるのである。これは格の問題に限ったことではないのだが。

第9章　時制と話法

　時制(tense)と話法の問題は互いに絡み合っていることが多い。例えば、地の文が過去形ならば、間接話法の時制も過去形でなくてはならない、という原則は誰もが知っている。これは、和英翻訳をする時に必要な知識で、英和翻訳では問題にならない、と思っている人もいるかもしれないが、実際には、英和翻訳をするにも欠かせないことなのだ。

　　He said that he would come the next day even if it rained.
　　「明日はたとえ雨が降っても行くよ」と彼は言った。

　上の和訳文では、彼の発言の内容が日本語の引用符「　」の中に含まれているが、日本文では発言部分を「　」の中に入れなくともよい。また、原文の the next day を必ず「翌日」と訳す必要はなく、「明日」は過去の一日から見た翌日のことであっても、やはり「明日」でよい。(ただ今現在から見ての「明日」と過去の一日から見ての「明日」とは同じ日ではありえないのに、日本語の融通無碍な性質上、過去にも現在にも「明日」や「明後日」などは、話法の直接・間接の如何を問わず、使うことができるのだ)。

　そう言えば、英語の now も過去時制と現在時制両方に使える。

　　Now he was standing and stretching himself after sitting so long in a tight chair.
　　今では立って伸びをしていた。あんまり長く、窮屈な椅子に坐っていたのだから（無理もない）。

　ついでだが、上の訳文末の（　）内は、語呂を整えるための「補充訳」である。

　次は、原文では過去形で使われていた動詞が訳文では現在形にしない

と、誤訳になってしまう場合である。

　　　　She said（that）she had a husband.
　　　　自分には夫がいるとその女性は言った。

　上の英文の直訳、「自分には夫がいた、とその女性は言った」ではなぜ正しくないのか、詳しい説明は不要だろう。それではまるで現在は独身だ、と言っているみたいだからだ。「その女性」がこう言ったのがよほど前のことでない限り、きょうでもその夫がいることはほぼ確かなのに、「夫がいた（she had a husband）」と表現しなくてはならない英語とは何と規則づくめの窮屈な言葉であることか。(話は飛ぶが、someoneという単数名詞をtheyで受けている英英辞典さえある。男女差別をしないための「新文法」である。これだけの説明では不充分なので、あとはご自分で推量されたし)。

　だが、そういう文法に縛られた英文でも、いったん慣れてしまえば、上の原文も、She said she had/has a husband. のように見えてくるから、「慣れ」の効用は大である。しかも、現に英語作家でも、She said she has a husband. と、時制不一致の文法違反文を書く人も出てきているのだから、慣れることができなくとも悲観するには及ばない。

　話を戻して、「その女性は、夫がいたと言った」を正しく英訳するには、もちろん、She said she had had a husband. とすればよい。念のため。

　さて、次の英文の主節と従属節との時制の食い違いはどう説明できるか。それよりも、まずは全体をどう訳せばよいのか。

　　　　Susanne had insisted that I hear every word.

　現在形のhearが、過去完了形の主節のあとの従属節に使われているとは――どう考えてもこれは誤植ではないか。否、これは誤植でも、文法違反でもないのだ。誰でも一度ぐらいは、suggest, propose, order などの「提案・命令」動詞が主節で使われている場合には、その従属節内の述語動詞

は現在形（または should do）を使うべしという規則を読んだことがあるはずだ。上の英文中の insist もまたそのたぐいの「命令」動詞なのである。

> あたしの言うことを、ひとこと残さず聞いてよ、とスーザンはしつこく迫った。

このように、過去の発言内容を現在形で表現することもあるのを忘れないでほしい。（上の英文中の「I」は、もちろん、スーザン自身ではなく、彼女の話を聞かされている「私」である）。

□ 話法と人称

この項では、三つだけ文例を挙げておく。

> She told him that he should look after the children while she was away.
> 留守中、子供たちの面倒をみてね、と彼女は彼に告げた。

原文には、代名詞が五つ使われているが、それが訳文では、二語に減っている。（なお、「子供たち」とは「彼女」と「彼」とのあいだの子だとすれば、上の訳でよいが、「彼女」だけの子だとすると、「私の子供たち」とするべきだろう）。

> She said to me that I was responsible for what had happened.
> 今度のことはあなたに責任があるのよ、と彼女は私に言った。

この文中の I（私）をそのまま訳文に使うことはもちろんできない。「あなた」と人称転換訳しないと、彼女は彼女自身に責任があると言っていると解されてしまう。この転換は、発言内容を間接話法から直接話法に切り換えてみれば、簡単に解る。（She said, "You are responsible…."）

> John told me that you were making a fool of yourself.
> ジョンが言ってやがったよ、おまえは物笑いの種になっているって。

上の訳文中の「おまえ」は曖昧である。「私」のことなのか、ジョンのこの発言を「私」が伝えている「きみ」のことなのか、そこがはっきりしない。どうすれば、この曖昧さを解消できるのか。ひとつの手は「～のことを」という日本語特有の表現を使うことだ。

　　ジョンはきみのことを、みんなの物笑いの種になっているって言っていたよ。

□ 過去完了の訳し方

　今度は、普通の過去と過去完了との訳し分けを試みるとしよう。

　　No wonder some people concluded that Carlo was a swindler.
　　Jane Calderton had surprised everyone by introducing Carlo to the college.
　　カルロはいかさま師だと断定した人がいたのも不思議ではなかった。かつてはジューン・カルダートンがカルロを（錚々たる作家として）大学に紹介して、みんなを驚かせたものだったのに。

　上の二行（二段落）では、時間的順序が逆転していて、二行目が先に起こったことで、一行目のほうが後の状況を示す文章なのである。こういう場合には、二行目が「前過去」（大過去）であることを、はっきりした大過去表現の存在しない日本語の訳文で示すことはかなり難しい。「～ものだった」がかすかに大過去を匂わせてくれるが、上のような文では、それだけでは不十分で、それに「～のに」を加えたり、文頭に「かつては」をつけたりしないことには、普通の過去との対比を明確に打ち出すことができきない。

　　Widowerhood had made of Richard Gavin a good, as well as a quick cook.
　　男やもめの暮らしをしてきたおかげで、リチャード・ギャヴィン

は料理が手早くなったばかりか、名人級にもなって<u>いた</u>。

この例文では、下線を付した部分が辛うじて訳文全体を大過去の文にしているのだ。

□ 過去完了形を過去形で表す場合

このことを例示するのは、長文を使わなくてはできないことなので、ここでは差し控えるが、要するに、一度、過去完了形を使ったあと、同じ文や段落の中で過去形が使われている場合、それらの過去形がすべて過去完了形の代わりを務めていることがあり、動詞が過去形であっても、それらは初めの過去完了形動詞と同じ時間経過の線上にあるということになる。

□ 助動詞＋have＋p.p.（p.p.は「過去分詞」を表す）

- may have + p.p. ～したかもしれない。(したのか、しないのか、不明)。
  It may have rained while we slept.
  眠っているあいだに雨が降ったかも。

- must have + p.p. ～したにちがいない。(したに決まっている。確実)。
  It must have snowed last night.
  夕べ、雪が降ったにちがいない。

- could have + p.p. ～できるほどだった。(したも同然だった。誇張)。
  I could have heard a pin drop.
  ピンの落ちる音が聞えるほど（の静けさ）だった。

- might have + p.p. ～していたかもしれない。(していたろう。していても不思議はなかった。仮定)

上の四例は、if-clause を伴わない場合の訳し方である。

なお、助動詞の過去形で使い方に特に注意を要する一語として、would を挙げておく。

1）will の過去形としての would

　　I said I would do anything he told me to.
　　奴の言うことなら何でもするよ、と言ってやった。
　　（これが he に I が say したものなら、冒頭の「奴」は「おまえ」となる）。

2）過去の習慣 (used to)

　　I would go to the beach for a dip.
　　よく海岸へ水浴びに行ったものだ。

3）「私がきみだったら〜するところだ」の意で使われる場合。

　　I would forget such a trifle.
　　俺だったら、こんなくだらないことは忘れちまうがね。

この項では「法」(mood) の問題もついでに少し扱っておいたが、ここで話を「話法」の一種である「描出話法」の問題に移したい。

□ 描出話法

直接話法と間接話法との中間に位置づけられるこの話法は、「中間話法」とも呼ばれるもので、簡単に言えば、引用符なしで人物の心の中にある気持ちや考えを記述する方法のことである。

そう言うと、間接話法と同じではないか、と疑問に思う人もいるはずなので、この話法では、think, feel, ponder など、「思う」を意味する動詞はいっさい使われない、という点をはっきりさせておこう。要するに、間接話法だったら次のA文のようになるところを、B文のように表現すること、それが描出話法なのだ。

第9章　時制と話法

A）After a long weary day, he thought that a glass of wine would cheer him up.

　うんざりする長い一日だったが、一杯のワインで気が晴れるだろう、と彼は思った。

B）After a long weary day, a glass of wine would cheer him up.

　B文の訳し方でAのそれと違うところは、「と彼は思った」というA）の文末の部分が除かれていることだけであるが、全文の印象としては、その部分がないほうが迫力が強い。特に、上の文が次のようなC文のあとに来ているとしたら、なおさらであろう。括弧内はCの訳。

C）He came back empty-handed from a day's journey around the town where he couldn't find what he had sought.

　（一日中、町のあたりでお目当てのものを探したが、見つからず、彼は手ぶらで帰ってきた）。

　うんざりする長い一日だったけど、ワインを一杯ひっかければ気分も晴れるだろう。

　主語を省略できる日本語は、上のような描出話法文を訳すのにはこの上なく便利である。「気分も晴れるだろう」の隠された主語は「彼」と訳すべきか、「俺」と訳すべきか——「彼」を採れば間接話法と同じになり、「俺」を採れば「　」のない直接話法と同じことになる。

　そこで、いずれの主語も使わないで「彼」の内心を表現できる日本語の話法は、基本的には描出話法なのだと言えることになる。

　そればかりではない。thinkやfeelなどが「描出話法」で省略できるのであれば、次の長文中のrememberも省略でき、しかもそうしたほうが文章効果も高まるとなったら、これは英語の「描出話法」の問題あるいは日本語の話法の問題と言うよりは、英文よりも語句の省略が多く行われている（あるいは、余計な語句を使わずに意を通じさせられる）和文に固有の表

現法全般の問題として捉えたほうがよいとさえ言えるだろう。

　　　Rudge again thought of the dress that had disappeared. He remembered that when he sent Emery off to ask Miss Fitzgerald to come and see him, it was ten minutes before the butler returned and then it was with the information that Miss Fitzgerald would be down in a quarter of an hour.

　消えてしまったあのドレスのことをラッジはもう一度考えてみた。そう言えば、さっき、ミス・フィッツジェラルドに会いたいから降りてきてほしいと伝えてくれと執事のエメリーに告げてから、エメリーが戻ってくるまで十分もかかり、やっと戻って来たかと思ったら、ミス・フィッツジェラルドが降りてくるまであと十五分かかるという返事だったな。

　原文一行目の remember をもし訳出していたら、上の訳文はもっとよくなっていたろうか。第一、どこにその訳を記したらよいのか。文末に記したら、「～あと十五分かかるという返事だった、ということをラッジはそこで思い出していた」となって、一行目の「～ラッジはもう一度考えてみた」とのつながりが判然とせず、ぎくしゃくしてしまう。原文では、Rudge again thought of the dress…の直後に He remembered that…が続くからこそ、文章がなめらかに流れるのであって、両文のあいだが4行以上も長かったら、読者は戸惑うことになる。それを防ぐ方法が、He remembered that…の訳文の代わりに、「そう言えば、さっき」の一句を補うことだったのである。

　もしも、場合によっては remember を省略できるものなら、次の文中にある wonder の訳語も省略できるのではないか。

　　　I wonder if he has been kidding me.
　　　あいつは俺をかついでいたのではないか。

　wonder を省略しないで全文を訳出すると「あいつは俺をかついでいたの

ではないか、と私は思った」のようになる上の文では、明らかに「と私は思った」は必要不可欠な部分ではない。このように、原文は「描出話法」ではない文であっても、「描出話法」であるかのようにそれを訳すことができるばかりか、そうしたほうが効果的でもある場合が少なくないのである。

　結論として、日本語には「描出話法的」な省略法がよく似合う——というより、「和文は英語で言う描出話法の和訳文に相当するような構造をもつ言語であると言える面が多分にある」と断定してもよいのではないか。

□ 評論文の描出話法

　描出話法の部分を地の文から区別するには、その部分に書かれていることが事実と違っているということ、または原作者の主義主張と矛盾していること、少なくとも原作者の主張そのものではないことを見ぬかなくてはならない。なぜならば、この話法を使って、ある事柄なり、人物なりを評している場合、作者は自分の真情を吐露しているのではなく、批評の対象となっている人物の立場を代弁しているか、事件の当事者ではなく観察者としてその事件を達観しているからである。

　少しややこしい説明になってしまったが、実例を見れば、納得して頂けよう。まずは、次の英文のどの部分が描出話法なのかを見分けてほしい。

> There is here the same insane logic as in his *Dorian Gray*. Only pleasure and superficiality are worth while ; when they fail, the only alternative is tragedy and death.

これをまず直訳してみよう。

> ここには、『ドリアン・グレイ』に見られるのと同じ錯乱した論理がある。快楽と浮薄さだけが生き甲斐なのであり、それが駄目になった時に代わりとなってくれるものは、悲劇と死あるのみなのだ。

次にこの文末の「悲劇と死あるのみなのだ」のあとに「というわけである」を加えて、それと上の全文訳とを比較して頂きたい。全文訳では、まるでこの英文の著者が「快楽と浮薄さこそが生き甲斐であり……（それが破綻したら）悲劇と死あるのみ」と主張しているかのように解釈されてしまうおそれがあるのにたいし、「というわけだ」を書き加えた「描出話法」訳では、そのおそれはなく、上の原文の第二センテンスは『ドリアン・グレイの肖像』の作者オスカー・ワイルドの生き方ないしは思想を表したものであることが、おのずと解る仕掛けになっているのだ。

　というわけで、「というわけ（なの）だ」という一句は特に評論文体の「描出話法」に大きな効果を発揮するのだ。ついでだが、まさに私が今、書いているこの文の冒頭で使ったとおり、描出話法の文末ではなくても、一種の接続詞として使うこともできる。

第10章　諺・慣用句・洒落そして比喩

　第一部の最後は、広い意味での言葉遊びの訳し方に充てるとしよう。まず諺だが、今、自分の訳そうとしている文章が諺であることを知らなくてはどうにもならない。

　Laugh, and get fat. という文章が作品の冒頭に出てきたら、そのまま「笑って肥れ」と訳したのでは、ほとんど無意味である。これが実は諺であることを知っていれば、その本当の意味は「快活な人は肥っていることが多いので、始終、笑っていて、よく肥れば、陽気な人生が送れる」ということであると解るので、それを踏まえて「笑うほどに肥り、肥るほどに笑える」などと諺らしく訳すか、さもなければ、「笑う角には福来る」という日本語の諺に翻案しなくてはならない。

　それができるようになるには、なるべく多くの諺を暗記するに限るのだが、それはさほど難しいことではない。なぜならば、人に聞き取られやすく、憶えられやすく、口ずさまれやすく造られているということが、まさに諺の身上だからである。暗記は諺集を使って実行するのが最善だが、一般辞典にも、用例として諺が出ているので、それを拾っただけでも結構な数になる。

　原文である英語は暗号であり、パズルであると前にも書いたが、それを解読するのが、普通の英文より難しく、かつ面白いのが諺なのである。最小限の語数で、かなり複雑な現実や智慧が表現されているからだ。諺や慣用句の魅力に惹かれてノートに書き集めたことのある人は、私ばかりではあるまい。

□ 引喩的な文章の訳し方

　　　　The temptation began to stir and uncoil itself.

　上の短文は、ある短編推理小説の一行を成していたもので、諺ではないが、心象豊かな警句的な文で、同じ短編の他の部分とは際立って異なる文体上の特徴があり、ここは訳し方をがらりと変えないと、効果が薄れるぞ、と緊張させるに充分な一行だった。これが諺であったら、確認のため、大部の一般辞典か、専門辞典かを引けばよいのだが、この場合は引喩なるがゆえに、それはできない相談だったので、少し思案してから、次のようにひとまず直訳した。

　　　　誘惑がうごめき、自分自身をほどきにかかった。

　正直な話、この段階では原文の意味がほとんどつかめておらず、手始めの試訳としても、こんな直訳ではとても原意に迫ることは無理だ、と自分にも解っていた。それなのに一対一対応的な機械的無意味訳を綴るとは――まさしく「ごまかし」訳ではないか、と自分に愛想が尽きかけたその時、そうか、この文中のuncoilはcoil（渦巻状のもの）をほぐすことなのだと気づき、そこからはするすると連想の糸がくりだして、誘惑＝「アダムとイヴに知恵の実を食わせたあの蛇」という等式にすぐ辿りつき、次のような完訳文ができた。

　　　　誘惑が鎌首をもたげ、とぐろを解きにかかった。

　よほど主語を「誘惑の蛇」としようかなと思ったのだが、いくら説明のための補充訳とは言っても、それではやりすぎだと思い直して、蛇の心象は読者の連想力と知識に委ねた次第。この例は、地の文から「綾（あや）」つきの心象文を見分けて、目立つように後者を訳出する過程の一部を会得するのに多少は役だってくれるはずだ。

　なお、引喩というのは、故事や古典の場面や章句をさりげなく引用する

かのように、文中にもち出す修辞法のことを言う。

　ここで話を元に戻すが、私の手元にある英語の諺集でいちばん手頃なのは、まだ在庫があるという北星堂書店刊の『常識としての英語の諺800』という訳書であり、同書の価値は、現在でもよく使われている諺だけを収録しているところにある。諺の本は多いが、いくら大部の書物でも、現在、通用していない諺が多数混ざっていたのでは、価値なしとは言わないが、興味半減である。

　これは英語の諺集ではないが、東京堂刊の『故事ことわざ辞典』（絶版）では項目の最後に、そこで紹介された諺の英訳を慎ましく小さな字で付記してあることが多く、これが意外にも役に立つ、かなり適切な英訳諺——いや、日本語諺に対応する英語諺——なのである。

□ 諺の訳し方

　諺の訳し方には二通りあることはすでに示唆した。例えば「石の上にも三年」ならばSitting upon a slab of rock for three years makes you warm. のように英語人にも解るように「補充訳」しながら英訳すること、それがひとつ。それにたいして、諺に使われている比喩または心象は無視して、その思想内容、つまりは教訓だけが伝わればよいという立場で、すでに英語に存在している同趣旨の諺を挙げること、すなわち、「石の上にも三年」をPerseverance prevails.（忍耐心こそものを言う）という古来の英語格言に翻案すること、それが第二の方法である。

　第一の方法にくらべると、第二のそれは、えてして説教調で味気ないものだが、昔から使われてきたものであるだけに、あながち捨てたものではないことは、それを実際に口ずさんでみれば解る。Perseverance prevails. の場合には、<p>の音と<v>の音との繰り返しが、発音上、快い効果を生み出しているからだ。

さて、こうなると、「石の上にも三年」の英語訳としては、心象効果を伝えることのできる「直訳」と、音響的に詩的な場合が多くて、意味的（内容的）に対応する訳すなわち翻案とのどちらが、適切であろうか。

それに答える前に、念のために、心象訳と翻案との区別を、もっと解りやすい例ではっきりさせておこう。

  A hedge between keeps friendship ever green.（A）
  生垣をあいだに設ければ、友情はいつまでもみずみずしい。（X）

（A）を翻案すると、次の有名な諺になる。

  親しき仲にも礼儀あり。（Y）

XとYのいずれを翻訳者は選ぶべきか、というのが先ほどからの問題だったわけだが、突きつめて考えてみると、これは二者択一の問題ではなく、できれば二者とも採用したいところである。そこで、少なくとも私は、訳そうとしている諺が心象的に優れて美しいか、気の利いたものであれば、まずX方式で直訳してから、Y方式の意訳を書き添えることにしている。

しかし、例えば A pearl to swine. という諺をまず「豚に真珠」と直訳してから「猫に小判」と翻案して、その両方を訳稿に書き込むのは屋上に屋を架するようなもので、頂けない。Too many cooks spoil the broth. を「料理長が多すぎると、出し汁が台無しになる」と直訳しておいて「船頭多くして、船、山に登る」と駄目押しするのも、同様に気の利かない無駄である。

□ 諺の味わい

  A hedge between keeps friendship ever green.

すでにこの章に出てきたお馴染みの諺を、「親しき仲にも礼儀あり」というその儒教的な表現を思い合わせつつ、美学的に鑑賞してみよう。翻訳

第10章　諺・慣用句・洒落そして比喩

とは直接、関係ないようだが、優れた英文を充分に味賞することができなくては、それを名訳するのはおぼつかないことなのだ。

　まずはこの諺の文法構造を分析しよう。二語目のbetween は前置詞ではなく、副詞なのだが、副詞はいつも動詞や形容詞だけにかかるのだとは限らず、この諺のように、名詞を修飾することがある。現代文では、arrivalのような「動詞由来の名詞」のあとについて、arrival here（当地到着）のように使われるが、物体名詞——例えば問題の諺の第一語であるhedgeのあとにも使われることがあり、その場合には「あいだに設けられた生垣」という意味を生み出す。

　第三語のkeepsは「〜を≈の状態に保つ」という意味の述語動詞で、その「〜を」に当るのがfriendshipであり、「≈の状態に」に当るのがgreenである。keepsはあくまでも「保つ」ことであって、Xに使った「設ける」とは関係なく、「設ける」は完全な補充訳であって、原文には存在していない。それに対して、訳文Xでは、使われていない「保つ」という直訳語が「（友情をみずみずしい緑色に）しておく」という表現に変えられて使われているわけだ。残りの一語everはここでは、foreverの短縮語として使われている。全文の中で最大の意訳ないしは構文変換訳は、「友情をみずみずしくしておく」と直訳できるところを、「友情は（いつまでも）みずみずしい」と変えたことである。つまり、主部の直訳である「あいだに設けられた生垣は」の主格助詞「は」が消えて、主部全体が「あいだに生垣を設けておけば」といった条件節に変換されたことによって、当然、残りの部分が「友情はみずみずしいままである」という意味の、主節のような文章に変換されることになるのだ。（第8章「主語と格」と第22章「日本語の長短」参照）

　たかが七語の諺の文法構造分析にこれほどの手間をかけて何になるのか。そう、まさにそう反論してくるのを私は待っていたのだ。まさに、こういう徹底した構造分析が通常のこととして行われてこなかったところに、日本における英語教育の不備・不振の最大原因があるのではなかろうか。

極論すれば、ややもすると勘とか気分的直感とか「フィーリング」とか、そんなものに頼って論述の道筋の解明をないがしろにしてきたツケが、今、回ってきつつあるのだ。

　もちろん、単なる理屈としての論理や、分析のための分析ではお話にならない。

　本当の直感に基づかぬ論理行使、総合をめざさぬ分析は価値がないのである。「説明できない美は私を苛立たせる」と言ったのは誰か忘れてしまったが、それは間違っているのではあるまいか。この「説明」という言葉に惑わされてはならない。この言葉を吐いた人の頭には、おそらく、「説明」＝「頭脳的理解」という等式がひそんでいたにちがいない。

　「説明」できる美は、本当の美ではない。美は、小さな分析的理解の積み重ねと、綜合的直感力である想像力と、その合成によってのみ正しく把握されるのだ。

　それは、人間が知るものではなく、その中に実在することによって、初めて感得されるものなのである。

　そして、そこへの第一歩が真の論理的分析なのであり、その一歩を私は今、英語で最も美しい諺であると思える A hedge between keeps friendship ever green. にたいして踏み出したばかりなのだ。

　先へ進もう。この諺には <e> で書き表される［I］や［I：］という音が六回も出てくる。しかも、英語の［I：］は概して綺麗な単語を構成する音のひとつで、日本語の「いい（もの）」とも通じ合う。その［I：］音がこの諺全体を貫き、まろやかな感じで「みずみずしい」生垣の印象を美しく強めている。

　さらに between と green は韻を踏んでいて、原文の主部と文末を区別すると同時に、文字どおり余韻を響かせる。主部末と文末の <n> 音は特に永続と運命を木霊（こだま）させているようだ。

第10章　諺・慣用句・洒落そして比喩

　以上で、英語最高の諺の鑑賞を終えるが、それに基づいて、なるべく重厚かつ闊達な理想的訳文を試みれば、次のような短歌がおのずと口に上ってくるかもしれない。(そこには、原作にはない「言葉」の副主題を注入しておいた)。

　　　輩（ともがら）も生垣へだて、語らへば
　　　ことの葉、つねに青々として

☐ さまざまな諺

　●短い諺
　　Money talks.（金がものを言う）。*MoneyTalks*（お金の話）という題の本もあった。

　●対句
　　Calf love, half love.（幼恋は半人前）; Old love, cold love.（老いらくの恋、冷えた恋）。
　　Soon hot, soon cold.（熱し易く冷め易い）; Soon learnt, soon forgotten.（早合点の早忘れ）。

　●口語的な諺
　　Any port in a storm.（時化れば、どんな港でも）。「嵐になれば、港の選り好みなどしていられぬ」。

　●韻を踏んだ諺
　　A friend in need is a friend indeed.（困った時の友こそ真の友）。
　　Birds of a feather flock together..（同じ羽の鳥は群れを成す）。「類は友を呼ぶ」。

諺の分類の仕方はいろいろあり、上はそのほんの一端である。あとはご

自分で、ご自由に。

□ 作中の諺の処理（特に「もじり」の場合）

　ある小説で二人の双子姉妹から性の手ほどき受けている年下の少年が他の女性に関心を向けると、姉妹は、Two birds in the hand is worth one in the bush.（手の中にある二羽は茂みの中の一羽に匹敵する、のよ）と少年をからかう。この英文は諺であって、諺ではない。なぜそうなのかと言えば、この諺は、本来、「手の中の一羽は茂みの中の二羽に匹敵する」というもので、それならば、明快な「算術」であり、「もう捕まえてある一羽は、まだ捕まえてない二羽と同じくらいの価値がある」という意味なのだが、双子姉妹は「私たち二人のほうが、まだものにしていない一人よりも値打ちがあるのに」と古来の諺とは逆のことを言っているのだ。

　古来の諺や名文句、あるいは決まり文句の一部を変更して、まったく違う意味を表すこと、それを「もじり」（parody）と称するので、双子姉妹の言ったのは正規の諺をひねり、もじった「替え歌」だったわけだ。もちろん、それが「替え歌」であることを知っていなければ、いくら文法的・意味的に正しくそれを訳したところで、本当に訳したことにはならない。そこで、何らかの手を使って、「本歌」をも示す必要がある。「本歌」あっての「替え歌」なのだから。

　上の場合には、私は編集者を説き伏せて、「側注」をつけてもらい、そこに「本歌」である「手の中にある一羽は茂みの中にいる二羽に匹敵する」という一句を印刷してもらった。これはほんの数年前のことだったが、今なら、十中八九は「そんな、面倒な」と断られていたところだろう。いずれはまた出版社も本造りに贅を凝らす日がくるだろうが、その日が少しでも早く来るように、翻訳者も自分が手間ひまかけて調べたことを訳本の中に然るべく提示してもらうように要求する気概をもちたいものだ。

第一部　英和翻訳技法

第10章　諺・慣用句・洒落そして比喩

□ 慣用句

　慣用句とは何か、と問われたら、「短い諺」ないしは「文章（sentence）として完結していない諺的な言い回し」と私は答えることにしている。今では句動詞の名で通っているget up, give up, put on, put offといった動詞熟語も、広い意味での慣用句だと私は思っており、純文学派の作家などが「決まり文句」として軽蔑してきた所謂clicheにしたところで、一時的な流行語であるあいだはとにかく、幾ばくかの歳月を経ても使われているものならば、歴とした慣用句に成長しているのだ。

　ひさしぶりに会った叔父さんに「大きくなったね」と言われたちびの「私」が叔父さんはただ慣習的に、お決まりの台詞を機械的に口にしているのだから、それは文学的には何の意味もない紋切り型の言葉でしかない、と思ったとしたら、「私」はとんだ思いちがいをしているのだ。暫く父と会わなかった息子が、父と会って「父さんの顔が変っていた」という強烈な印象を受けるのも、そういう純文派に言わせると、「紋切り型」になってしまうのだから。

　get up, give up は学問的には慣用句とは言わないとしても、give up を「匙を投げる」とか、「お手上げだ」と訳したり、そこまでいかずとも、「見限る」と訳した場合には、そういう訳語はすべて慣用句なのである。英語で言えば、**play it safe**（冒険はしないで）や**call it a day**（今日はこれまで）は、いずれもその直接的な意味である「安全に競技する」や「それを一日と呼ぶ」とは違う意味に使われているわけなので、できるものなら、訳すときにも、前者なら「石橋を叩いて渡る」「危ない橋は渡らない」、後者なら「これにて打ち止め」などと、やはり慣用句を使って訳したい。

　原文が慣用句でない場合でも、慣用句の多い英語よりもなおそれが多いと見られる日本語に訳すときには、慣用句を充てて訳したほうが、文章に精彩を添えることができ、直訳するよりも文章効果を高められることが少なくない。しかし、文章の種類によっては、慣用句を一切、ないしはほと

んど使わないほうがよい場合もあるので、注意を要する。慣用句を使わずに訳したほうがよい分野から順に、それを使ったほうがよい分野へと書き並べてみると、大体、次の順序になる。

本格的な哲学書などの学術専門書、純文学の小説、一般向けの啓蒙的な学術書、娯楽小説、戯曲（特に喜劇）、随筆、戯文。

要するに、硬い内容と文体の作品であれば、慣用句は少なく、軟い作品ほど慣用句が多いほうが読んで楽しいものとなる傾向があるということだ。とは言っても、随筆でも格調の高いものがあったり、純文小説にも諧謔（ユーモア）作品がありうるので、厳密には個々の作品しだいということになる。(哲学的な評論で慣用句を多用した――というより意味論的に活用した批評家が米国にいた)。

□ 慣用句の訳し方

1) 原文が慣用句で、訳文にもそれが使える場合の例。( )の中は直訳。

- blow one's top （頭のてっぺんを吹き飛ばす）；「怒髪天を衝く」が意味上では近いが、如何にせん、ものものしすぎる。俗語だが、「頭に来る」あたりが適当か。(topのほか、cap、cork、lidなどでもよい)。

- tit for tat （打たれて、打ち返す）；口喧嘩なら「売り言葉に買い言葉」。一般的には「お合いこ」「五分五分」(仕返しの結果として)。

- hook, line, and sinker （針も糸も錘も）；「一切合財」「十把一からげ」「何から何まで丸ごと」(「針も糸も錘も」は魚釣りの道具三点：そのうちの糸は正確には鉤素〔はりす〕と言う)。

- touch and go （一触れで、どかん）；「一触即発」

- by leaps and bounds （飛んだり、跳ねたり）；「どんどん」「どし

どし」「とんとん拍子で」。

- over one's dead body （私の死体を跨いで）；「私の目の黒いうちは〜をさせない」e.g. You do 〜 over my dead body.（〜するのなら、私が死んでからにしてくれ）。

2）原文が慣用句で、訳文に使える面白くて適切な慣用句がまだ見つかっていないもの。

- by hook or by crook （引っ掛け鉤を使ったり、悪だくみを弄したりして）；「何が何でも」「手段を選ばず」「宥めたり、すかしたり（して）」。

- bring the house down （劇場を引き倒す〔ほどの大受け〕）；「大受けに受ける」。

3）慣用句的な表現で、うまく日本の慣用句に訳せるもの。

- lead nowhere （どこにも行き着かない）；「（どこまで行っても）埒が明かない」。

- through and through （どこまでも徹底して）；「とことんまで」。

ほんの味見程度に僅かばかりの例を供してみたが、英語の慣用句に相当する日本語の慣用句も、その気になって探せば、意外に多数あるらしいことがお解り頂けたろう。あまり使いすぎないように用心して、節度をもって慣用句を活用したい。

□ 洒落

言葉遊びの白眉は洒落である、と私は思っている。駄洒落は困るが、よくできた洒落を見て、面白がらない人の気が知れない。そういう私がどうかしているのだろうか。かつて英国の文豪は盟友に「きみが洒落（pun）嫌

いなのは、うまく造れないからだろう」と毒づかれると、言下に答えて曰く、If I were punished for every pun I shed, there would not be left a puny shed for my punish head. これは、pun, punish, shed. punished, puny, headという要語を巧みに使って、「吾が輩が洒落をひとつ飛ばすたびにお仕置きを受けていたら、吾が輩のしゃれ頭を格納するちゃちな（しゃちな）小屋なんぞひとつも残るまい」とごく大まかに訳せる洒落文を一気にまくし立てた。即興のしっぺいがえしだったのである。

洒落を訳すほど無粋なことはない、と百も承知の私なのだが、巧みな英語の洒落を読むと、つい訳したくなり、そんなに上出来とは思えない『ロミオとジュリエット』劇中のYou will find me a grave man tomorrow. という洒落好きの剣士の今際（いまわ）の言葉を次のように長々しく訳して、悦に入っているありさまなのだ。

「明日には、墓の中で、はかばかしい冗談ひとつ言えずに、あの世をはかなんでいることだろう」。

日本語に訳してしまうと、特に先の文豪の洒落づくし文などはまったく気のぬけた駄文にしかならないし、a grave man（「墓男」＝「厳粛男」）の洒落にしろ、いくら「はか」音を並べ立てたところで、結局は英語と日本語の差異をどうすることもできず、「はか」なさを思い知らされるばかり。まことにむなしいかぎりなのだ。

□ 洒落なぞ

問）When is a door not a door?　（ドアがドアでなくなるのはいつか）。
答）When it is a jar.　（壺になったとき）。

上の問答のうち、答えのほうの訳にあまり気をとられないこと。「壺」という物体に惑わされてはいけない。洒落は言葉遊びであって、特にこの場

第一部　英和翻訳技法　103

合は、a jar という文字の配列に解答の鍵がひそんでいるのだ。

　そこまで言えば、なるほどそういうことなのか、と合点なさる向きもあろう。そう、a と jar とをつなげて、ajar という形容詞に変えればよいのだ。すなわち「半開き（のとき）」というのが答えなのである。

　この洒落なぞはどう訳したらよいのか。いや、そもそも訳せるのか。少なくとも、このままでは訳せまい。似たような「小道具」を使った別の問答を代わりに発明する以外に方法はなさそうだ。何かよい小道具はないものか。

　　問）力を加えないで、通り抜けられる障碍は？
　　答）人が通っている時の回転ドア。

　お粗末。英語版のドアなぞなぞは明らかに英語のトリックを使っていたのに、これはただのなぞなぞにすぎない。洒落になっていないのだ。しかし、いくら考えても日本語版の、ドアをめぐる洒落なぞはできそうもない。いや、たぶん「巡る」（めぐる）という言葉とドアとをうまく結びつけたら、どうにかなるのでは？

　　問）ドアをめぐっての大論争とは？
　　答）回転ドアをめぐりながらする堂々めぐりの論争のこと。

40点が私の自己採点。

洒落なぞをもうひとつ。

　　問）Why is a room full of honeymooners empty?
　　答）Because there is not a single person.

　これは日本語にもなっている英語が要（かなめ）の鍵となっているので、簡単に解決できる。「独身」（シングル）の人は一人も（single）いないから、というのが答えなのだが、さてこれを歴とした日本語に訳すとなると、どう工夫すればよいのか。

答）一人（ものは誰）もいないから。

（　）もまた歴とした日本語だと言えるなら、こちらは70点。

□ 訳注の功罪

　なにも洒落に限ったことではないが、日本の読者には本文中の訳語だけでは、背景知識がないためや、その他の理由によって、文意を捉えられない場合、訳注をつけて理解を助ける習慣がある。厳密に言えば、そうしている訳者もある。あとでまた詳しく書くが、明治には戯曲の台詞に訳注をつけた有名文士がいた。役者の台詞に黒子が訳注をかぶせることが可能であるかのように！

　次に挙げるのは戯曲ではなく、短編推理小説の一節である。場面は理髪店の店長と店員を兼ねている男が、今、お客の髪を刈りながら四方山話を聞かせているところ。下は同業者の商法、特に店名のつけ方をこき下ろしている台詞である。

　　　　店の名前だって、奇妙きてれつなのが、増えてるし。「フレンドリー・ウェーブ」（「親しく手を振る」、と「気取らないパーマ」という意味がある）だとか…

　このあとまだ掛け言葉の店名が続くのだが、ひとまずFriendly Waveだけを取り上げてみると、訳者がそれにつけた訳註までがその店の看板に出ているわけではないので、上文の（　）内の訳注はちょっと場違いで、読書の流れを遮ってもいるゆえ、妙手とは言えない。せめて「友愛ウェーヴ院」とでも名づけて「ウェーヴ」の多義は読者の推測にまかせたほうが、気が利いているのでないか。

　これに続く幾つかの店名（原文）を順に訳注つきで紹介すると——

　　1）Sheer Genius　（SheerはShear［刈る］と同音——中村註）。

「天才そのもの」と「毛を刈る達人」という意味がある、と訳者は註している。

2) Beyond the Fringe
「前髪を越えて」と「周辺の彼方」という意味がある——訳者註。

3) Curl Up & Dye （Dye「染める」と Die「死ぬ」は同音——中村註）
「髪をカールして染める」と「身をよじって死ぬ」の両義がある、と訳者は註している。

上に説明した二つずつの意味を保ちながら美容院の店名らしく三つの句を訳すことは至難の業であるばかりか、特に「染める」と「死ぬ」との掛け言葉を店名に使う美容院なぞ、あるわけがないので、それはこの理髪屋の親父のでっちあげた名前にちがいない。要するに、これはアメリカ人好みの馬鹿話なのだから、「白髪、染めて、くたばれ屋」とでもふざけておくか、または上に見たとおりの訳者註でも充分、その辺の機微は読者にも理解されよう。

それでも、せっかく訳者とともに「構文」分析までしたのだから、せめて1) の店名くらいは頓知和訳しておこう。

「髪技美容院」（かみわざ・びよういん）

ここで、この項の結論として、本文中に（　）を設けてその中に訳注を記すことの適否をざっと検討するとしよう。

学術書ならともかく、普通の文芸作品では、訳注は物語や出来事の展開を追っている読者の心理に不自然な中断を強いることになるので、できる限り避けたほうがよい、というのが私の立場である。このことは、少なくとも以前には訳注を読むのが楽しくて翻訳書をひもとく人もいた、という事実と共に他の所でも述べておいたが、ここでは、訳注は必要最小限度にとどめて、訳注に盛るべき事項を本文中にさりげなく「埋めて」、違和感

を生じないようにするのも、翻訳技法の一つであるという立場から、それを次に例示しておこう。

あいにく原書が手元にないので記憶だけで書くと、ある長編推理小説に次のように訳せる一節があった。（本文に続けて、普通、訳注をつける時の要領で訳注も付しておく）。

> 婦警の名はミス・パインであった。「パインだか何だか知らないけど、あんな人、消えてしまえばいい」とウッドは言った。（訳注：「パイン」には「やつれる；焦がれ死ぬ」という意味もある）

なんとも不恰好な訳注をつけてしまったが、この訳注を消去し、本文中に繰り入れると次のようになる。

> 婦警の名はミス・パインであった。「パインだか、＜まつ身のやるせなさ＞だか知らないけど、あんな人、しなびて消えちまえばいい」と婦警の監視下にあったウッドはぼやいた。

これなら、少し苦しいが、洒落を使った原文を「翻訳」したことになるだろう。

□ 比喩を訳す

「比喩」、特に「隠喩」とは何か。恋人を太陽に譬えて「オオ、ソレ・ミオ」（わが、太陽よ）と呼びかける時の「太陽」は暗に「恋人」を表す「隠喩」である。

世界の詩の中で何よりもよく整った厭世詩はシェイクスピアの悲劇『マクベス』中の一節であろう。

> Tomorrow, and tomorrow, and tomorrow
> Creeps in this petty pace from day to day
> To the last syllable of recorded time.

第10章　諺・慣用句・洒落そして比喩

　　　（あす、あす、そしてまたあす
　　　　それが一日から一日へとこのみみっちい歩幅で這いゆくのだ
　　　　この世の歴史の最後の一音節まで）

　できるだけ逐語的に直訳すれば、たぶん上のようになるマクベスの独白の冒頭部分を、批評家・福田恆存は次のように再表現した。

　　　あすが来、あすが去り、さうして一日一日と小きざみに、
　　　　時の階（きざはし）をずり落ちて行く、
　　　　この世の終りに辿り着くまで。

　この訳詩の二行目に注目して頂きたい。直訳では「このみみっちい歩幅で這いゆくのだ」とほとんど日常的次元の散文体とさえ言っていいほどの平易な表現になってしまうところを、「一日一日と小きざみに時の階をずり落ちて行く」と階段の隠喩を使って、数段も高次元の表現に昇華させた理由は何であるのか。

　Creeps in this petty pace from day to day という、それだけをとってみれば甚だ平俗なものと解されても致し方のない——だが、英語としては他に書きようのないほど板についた——<p>音のつらなる表現も、現代日本語には、原文のままの隠喩を踏襲していたのでは何とも気のぬけて平板な、それこそ「みみっちい」心象と音律の「作文」としてしか訳せないことを福田氏は痛感したのだろう。だからこそ、大胆不敵とさえ思われる隠喩の大転換を断行せざるを得なかったのである。

　ここに、言葉の芸術としての文芸の本質が顔を覗かせている。文芸あるいは文学とは、精神の表現、あるいは精神的な意味の表現と言うよりは、肉体の営みの最たるもの、いわば肉体の表現ならぬ表情を恒久化すること、生身の人間のまさに身振りそのものの文字化、言語化にほかならない。そうである以上、それを構成する細目もまた常に身体の呼吸、脈拍、鼓動の象徴としての律動を「伝える」ものでなくてはならぬのだ。

　その律動が、「みみっちい歩幅で」這ってゆくようなものであっては困

る。それは、たとえ、「この世の終りに辿り着く」までのものとして表現されていようとも、「時の階をずり落ちて行く」という悠長だが壮絶な趣さえある小きざみな運動の「律」と、時間の階段という古く新しい「像」とをもって、私たちの中枢神経に働きかける強さの美となってこそ、真正に一国語から他国語へと微妙な象徴の翻訳（翻案）が行われえたのである。

　この第一部で私たちは長い道のりを踏破した。一対一対応の原理の不成立から始めて、比喩、あるいは隠喩の奇跡とも言える根本的な表現変換、意味の次元から「律」と「像」の象徴的一致の次元への突破口をうがつ段階にまで到達したのだ。

　情報の伝達法としての翻訳には、「ルール」は無数にあると言える。人間が情報を伝達するその順序、順列は、情報量が増えるにつれて、いくらでもその数を増してゆくからだ。言葉の芸術の、一分野と言うよりはその全域にかかわる作業である文芸翻訳においては、個々の「ルール」はすべて唯一の「ルール」のために奉仕する。その究極の「ルール」こそ、力の原理なのだ。そして、力が生み出す原理とは、「強弱」「起伏」「明暗」「長短」「深浅」「緩急」等々のリズムにほかならず、それらはすべて「語勢」または「意味の音楽」の一語に要約されるのである。

　実はマクベスの独白も、厭世思想の表現などと言ったものではなく、彼の、そしてシェイクスピアの、あるいは彼にとりついた何ものかの、力の放射だったのだ。

　英和翻訳のルールは、第一に日本語と英語それぞれの文法なのだが、国文法と英文法を比較対応させる基準が確定していないため、英和翻訳文法といったものも確立はできず、まして「原理」などとはおこがましい限りだ。しかし、本書では、臨機応変に英文に対応するための最低限のよりどころといった意味で「原理」という用語を使っているのであり、あとは読者それぞれが創意と熱意をもって自分の訳文をひねりだしているうちに、自分なりのさまざまな技法を見つけ出すことを私は願っている。

第二部　英和翻訳特論

第11章　日英語間の往復通行

□ ゴジラと「オリガミ」

　Oh, my God! を「南無八幡！」と訳した人が、かつていたそうだ。今では、そんなことをする人はおるまいが、それに近いことをしている場合が少なくとも近年まであった。推理ものや警察小説などで、「死体」のことを「ホトケ」と訳表現することがそれである。

　なるほど、米国でも西海岸あたりでは、すでに戦前から仏教が浸透していて、ヒッピー以後の今では、宗教ばかりではなく東洋的なものがだいぶ影響力を揮っているようだが、英語からの翻訳書に「ホトケ」が出てくると、本当に米国でも「死体」を Buddha と呼んでいるのだろうか、と首をかしげたくなったものだ。

　「ホトケ」の英語はたぶん body や corpse ではなく、俗語の stiff なのだろう。あちらさんが俗語に砕いて表現したものなのだから、こちらも「悪ぶって」、今では共用語となってしまった観もある隠語の「ホトケ」を、和製のテレヴィ劇ならまだしも、キリスト教国産の小説の日本語版にまで公然と使って「悪びれた」様子もない、ということだったのか。

　国際化の時代で、寿司や刺身はおろか、交番や任天堂、談合や過労死や「カラオケ」までが横文字で書かれるようになっている現在なのだから、「ホトケ」ぐらいは大目に見てもよいのでないか、と言う人もいるだろうが、それではもし本当に英米で「死体」のことを hotoke と言うようになったら、「ホトケ」とそれを転写して、「原文のまま」と注釈をつけないことには、ロサンゼルスの「デカ」がまさしく hotoke と発音したことを読者に伝える方法がなくなってしまう。

第11章　日英語間の往復通行

　現に私はSaran-wrapという英語（この包装用セロファン紙は米国が「原産地」らしい）、Nintendoという横文字表示、そして、He was like a Godzilla taking to origami.（ゴジラが折り紙に凝っているみたいだった）という英文を原書で読み、さてこれらをどう訳したものか、と戸惑った経験がある。

　ただひとつ、Nintendoだけは「ニンテン堂」と表記して、辛うじてこれは原文のままなのですよ、と読者に目くばせを送ることができたのだが、他の場合は、「折り紙」と訳された英語は何なのだろうか、paper foldingとでも言うのかしら、などと読者に思案投げ首させてしまったのではあるまいか。

　英文の和訳文の中で、a squareの訳なのだろう、「石部金吉」という渾名が使われているのを見て、違和感を覚えたこともある。「堅物」ならば、そんなことはなかったろう。「土左衛門」も訳文では避けたほうがいい。いつか、sexyを「助平」と訳してみたことがあるが、後味が悪く、往生した。しかし、「動物のなかで人間がいちばんセクシーだ」というその文脈内では、「助平」以外に適訳語があるだろうか（「好き者」で充分に意が通じれば、まだしもなのだが）。翻訳とはまったく因果な仕事だ。

□　醤油か、ショウユか

　言葉の「国際交流」も結構だが、「巻き寿司」がsushi rollとしてあちらで通用するほど言葉の国際化が盛んになると、先に見たように、混乱が生じかねない。それを食い止める方法は、原作者には、英語化した日本語は引用符に入れるか、イタリック字体で表記してもらい、和訳者としては、それを「　」に入れて別扱いすることである。

　つまり、純然たる英語のsoy〔soya〕sauceを和訳したものを「醤油」とし、日本語をそのまま英語化したshoyuの場合は「ショウユ」と訳表記しないことには、原作者がどちらの英語を使っているのか、日本語訳の読者には見当がつかないことになる。しかし、「ジョンがその＜ショウユ＞を

取ってくれと言った」では、日本の読者にすぐ「醤油」を連想させることができるだろうか。

そうなると、いずれの場合もやはり「醤油」と表記するのが早道だということになり、こうして、ジョンが使った言葉がsoya sauceなのかshoyuなのかは日本の読者には解らずじまいになってしまうことになる。

だが、それを防ぐ方法がひとつある。「ジョンは＜しょうゆ＞を取ってくれと日本語を一語使って言った」と補充訳すればよいのだ。何だか、便利なようで七面倒くさい世の中になってきたものである。

□ 和訳文の逆英訳

> Sparse hair or, worse still, complete baldness makes impossible the natural wish of men and women to be just like other people. （A）

上の英文をある人はこう訳した。

> 人間なら誰しも、人と同じでありたいと願うのは自然なことだ。ところが、髪が薄かったり、もっと始末が悪いことにまるきりはげていたりでは、こうした願いも空しいものになってしまう。（X）

原作者が言おうとしていることをできる限り解りやすい和文に書き直せと言われたら、上のようにパラフレイズするのが自然だろう。事実、私もこの本の中で、一センテンスどころか、まるまる一パラグラフ（段落）全体にたいしてこれに近い方法で大意訳を試みておいたのだが、それは原文がかなり入り組んでいて、普通の訳し方では解読が非常に難しいと思われたためであり、上の場合のように、文の前半と後半の順序を逆転させることが必ずしも必要ではない英文とは性格を異にしていたからである。

とにかく、上の（A）文を普通に翻訳しておこう。

> 毛が薄いとか、もっとまずいことに、丸禿げになっていると、他

人とそっくりでありたいという世人の自然な願望が不可能になる。(Y)

この (Y) と、先の訳文 (X) とでは、どちらが原意に近いだろうか。(X) では、人間は皆、他人と同じでありたいと願っていると断定しているのだが、そんなことがありうるだろうか。原文にはそうは書かれていない。「他人とそっくりでありたいという人びとの自然な願望」とあるだけで、しかも、禿げ頭だと、その願望自体が「不可能」になる、と明記してもいるのだ。つまり、「禿げていると人は他人に似たいと念じることもできなくなる」というのが正しい読みなのである。

もちろん、大意把握という点では (X) のほうが (Y) より解りやすい。翻訳の第一段階である原文解読の第一歩としてなら、こういう解り易い大意把握は大いに役立つ。しかし、大意把握と本格的な翻訳とは根本的に違うことを忘れてはならない。どこが違うのかと言うと、前者は文体を無視して、ごく大づかみに原意を汲み取ればよいのにたいして、後者は原意ばかりか、原文の文体、どのように原文が書かれているのかというその「表現形態」をもなるべく訳文に反映させる必要もあるという点だ。このことは何遍でも強調しておきたい。

□ 訳文は不可逆か

さて、本論の「日英語間の往復通行」という主題に戻って、先の (X) 訳文を英語に逆翻訳してみるとどうなるか、元の (A) に戻らないことは解りきっているが、念のために記しておく。

It is natural for any human being to wish to be just the same as other people. But if his hair is sparse or, worse still, his whole head is bald, such wish becomes futile. (B)

このように (A) と (B) とは大幅に相違しているのに、両方とも (X)

の原文だということになるのだとしたら、翻訳とは何であるのか、よく解らなくなってしまう。

　上の場合は極端な例なので、大きな食い違いがはっきりと出たわけだが、もっと直訳的な場合でも、文章が長いほど、和訳文を逆英訳して出来た英文は元の英文とは大きく食い違ったものになる。要するに日英語間の翻訳は概して可逆的ではないということなのだ。

　以上のことは、同じ原文でも、違う人が訳したり、同じ人でも違う折りに訳したりすると、程度の差こそあれ、違った訳文が出来るという翻訳の多様性の問題を含んでいるわけで、そうなると、一つの原文に一つの適訳文を、という理想は吹き飛んでしまう。

　だが、悲観するには及ばない。和訳文を英文に逆訳してみて、その逆訳文が元の英文と同じである場合にのみ、その和訳は正しいという厳格な判定基準に合格できる翻訳などありえないとは限らないからである。

　もう何年も前の経験だが、福田恆存先生の政治評論を、先生からの依頼で英訳したことがあった。その作中に、先生が英文から和訳した一節があったので、その英語原文はお手元にありませんかと問い合わせたところ、散逸してしまったとのことで、先生の和訳文をどうにか自力で英訳しておいた。それから、だいぶ経って、あの英語原文が見つかったので、きみの英訳文とつき合わせてみたら、ほとんど同じだった、と先生から知らされたのである。

　この場合は、私の英訳が正確であったこと以前に、まず先生の和訳が非の打ちようのないものであったという前提がないと不可能だった成果なのである。結局のところ、和訳と英訳の双方で二重に訳文が正確だったわけだ。

　そういうことが実際の翻訳で起こることもあるのだから、日英語間の翻訳は不可逆なりとばかりは断定できないのだ。

　しかし、こういう一致が可能なのは、評論文の場合にのみ限られると

言ってよいほど、小説ではめったに起こりえないのも事実なのである。評論文では「理」が純粋に作用しうるのにたいして、小説の世界はもっとこみ入ったかたちで「情」と「知」が交錯しているからだ。

□ 英作文の効用

　普通、英和翻訳者は英文を和訳するだけでよく、日本文を英訳する仕事には英米人があたるものだというのが通則になっているが、本当に英語に慣れ親しんで、自信をもって英語を扱うことができるようになるには、英作文の素養も欠かせない。

　第一部の中で私は、英和と和英では翻訳の原理そのものが違っていると考えられるくらいだと書いたが、初歩から中級程度まではそれでよいとしても、いっぱしの英和翻訳者をめざす人には、英和と和英の翻訳原理が最終的に一体化して、両者間の往復通行の模様を同時に展望することができるような bilingual になるという理想をお互いにめざしたいものだ。

　英和翻訳者を志している人で英語をうまく使いこなせるようになりたくはないと言う人はいないだろう。「自分の頭の蠅を追え」と英語人に言いたいときに、反射的に None of your funeral！とか、Mind your own business!といった表現が口をついて出るほど英語に慣れていれば、そういう表現を日本語に訳す場合には、何の苦労もせずに済み、それだけほかの訳文づくりに手間と時間を振り向けることができるというものだ。

　さらに、英作文の能力は、翻訳の作業中に不明の個所に出くわした時、原作者に問合せの手紙などを書き送るのに必要であるばかりか、英和辞典には出ていない訳語を自分でひねり出すのにも役立つものなのである。

□ 和英発想の英和訳（もしくは「逆発想」による英和翻訳）

　　We are living in an extraordinary age.

上の英文中のextraordinaryの一語はどう訳せばよいのか。辞書を引くと、「異常な；風変わりな」「並外れた；驚くべき」と言った訳語が並んでいるが、上の文脈にはどれもそぐわない。というより、それらの訳を全部ひっくるめて一語で表現しようとしているのが問題のextraordinaryなのだ。ということを見抜くには、この形容詞がどういう文脈の、どういう場合に使われるのか、ということをまず知っていなくてはならないし、普通「並外れた」という日本語に実質的に相当する英語は、out-of-the-ordinary というような直訳語であるよりは、むしろremarkableとかoutstandingといったもっと頻度の高い形容詞であることも、辞書だけからではなく、自分の和英翻訳ないしは英作文の実習からも経験的に知っておく必要がある。

　そうしていれば、先の英文中のextraordinaryは「大変な」と訳すのが最適ではないかと見当をつけることもできるのだ。ところが、そこで、確認のために「大変な」を和英辞典で引いてみると、seriousとかgraveとか、「深刻な；真剣な；重大な」といった語感の英語が充てられていて、どうも実際の英語と日本語の用法からずれているとしか感じられない。「大変な」とextraordinaryの場合に限らず、そういう例が多すぎるのである。

　辞書にも限界があるということを知らずに、辞書だけに頼っていたのでは、いい翻訳はできない、とは言い古された教訓なのだが、つい気をゆるめると、通り一遍の辞書的訳語をただ訳稿に書き写しているだけになってしまう。

　英和辞典を使っていて、何となく気づくのは、訳語の質に一つの決まりきった傾向、いわゆる「パターン」があることだ。どんな傾向かと言うと、例えば、amazeにもastoundにも「びっくり仰天させる」という同じ訳語を充てたり、「度肝を抜く」や「肝をつぶす」などで辛うじて変化をつけたりといったところで、そのうちのどれがどんな場合に妥当な訳語であるかを示す説明があまり出ていないことだ。似たような動詞なのだから、似たような訳になってしまうのは致し方がないが、意味の強さの順位ぐらいは知りたいものだ。

第11章　日英語間の往復通行

　英英辞典を引いて、やっと解ったのだが、どうやら astound には「この世にそれが存在すること自体が驚きであるようなものへの驚愕」といった意味合いがあるようなので、「驚天動地」という語感にそれは近く、次に amaze が来て、「ひどく驚かせる」を意味し、第三番目に astonish という動詞が来る、といったところらしい。

　それはさておき、近頃よく使われる英語に impressive という形容詞があるが、英和辞書を引くと、「印象的な」を筆頭に「感動的な」や「感心させる」といった漢語中心の訳語が充てられていることが多い。このように漢語中心的な訳語に頼るのも、英和辞典の一つの傾向として挙げることができるかもしれない。しかし、この impressive の場合には、どうしても和語を充てて訳したい気がする。それほどこの英語は、見かけによらず、平易ないしは平明な言葉なのではなかろうか。

　いつもそんな気がしていたため、この英語を訳さなくてはならない時には、今にもうまい和語が訳語として頭にうかんできそうな感じがするのに、結局のところ、そうは行かず、最後には、ほとんどあきらめてしまった。

　それから暫くして、日本語でよく使われる言葉に最もよく対応する英単語は何であろうかという線で——つまり和英発想の方向で——考える習慣を身につけるようにしてみると、対応する英語を見つけたい日本語の一つとして、「たいしたもの」が候補に上った。もちろん、それに対応する英語としては、great などを使った句がまず考えられたが、それはそれとして別途に考えを進めていくと、ふっと思い出したのが、例の impressive だった。

　そこで、確認のために impressive をあらためて英英辞典で引いてみると、great なものは impressive であるといった用例が出ていて、「たいした（もの）」という訳語が当っていることが確認され、こうして、私にとっては、impressive は「たいした（もの）」という甚だ簡明な和語に訳すことが、多くの場合、最も適切な方法になったのである。

　では、impress という動詞はどう訳せばよいのか。「印象づける」では辞

書一辺倒のお座なり訳だ。impressiveと同じ和英発想で、「たいしたものだと思わせる」のように訳せばよいのである。

　一時、「意外性のある」という表現がしきりに使われた時も、それに相当する英語は何かと考えて、unpredictable に辿り着いたこともある。

　英和翻訳者は和訳語を知りたい時、英和辞典を引くのが普通なのだが、これまでの例で解るとおり、まず日本語を起点として考えを進めて行って、その日本語が特定の英語の訳語としてぴったりすることを発見できる場合もある。その過程を私は「和英発想による英和翻訳」などと呼ぶことにしている。extraordinary は「大変な」と訳すとぴったりな意味で使われる場合が多いことも、この方法で見つけたのである。

□ 形容詞最上級などの処理

　英語では「世界最大」のものが幾つもある場合が少なくない。「これは世界で最も高い塔の一つです」のような表現は、本来は日本になかったものなのに、英語などの影響を受けて、日本でも、まずは翻訳を通じて、使われるようになったものと思われる。だが、「最も」〜なものという形容は、一体、何個のものにまでつけられるのだろうか。十個までなのか。五個までなのか。それとも、無限定なのか。

　例えば、to do my best なら、「私」にできる限り、ということなので、明らかに「最善」の範囲が限定されている。が、the highest in the world となると、何メートル以上を最高とするといった規定がないと、ずばぬけて高いものならすべて最高と形容できることになってしまう。ところが、信頼できる英語人の言うには、「五個ぐらい」が正解であるそうだ。日本語では、「最高！」は「すばらしい」を強調した形容であり、英語にも a most beautiful girl（非常な美人）という表現の仕方もあるのだが、a ではなく、the をつけた場合には、やはり文字どおり「最上級」の形容となるわけだ。

例えば、the fourth greatest pop singer という句を見たことがあるが、これは「ポップ界で上から第四位の名ポップ歌手」の意であり（cf. second best）、「四人目」すなわち「四代目」と言いたい時には the fourth, greatest pop singer と表現する、と、コンマの有無で「位」と「代」に区別する場合もあるようだが、統一見解はない。

問題なのは、one of the ＋ 形容詞最上級 ＋ 名詞はいちいち「最も〜なものの一つ」と訳す必要があるのか、ということであるが、実はこの矛盾した訳表現を避ける道があるのだ。one of the largest air-liner in the world だったら「世界で最大級の旅客機」とすればよいのである。

さらに、the smaller type of the car のように比較級形容詞が使われている表現には、「この車種としては小型の（ほうの）もの」のように訳せばすんなりと通じるだろう。

余談めくが、本当に一つしかない最上の物や人を表す英単語として、the top 〜 という言い方が出てきて、the best ten というような「曖昧最上級表現」を避けて文字どおり唯一無二の最高峰を表す英語が見つかったと喜んだのも束の間で、たちまち one of the top という句が使われるようになってしまった。英語の世界では、どんぐりならぬ最優秀のものまでが（五位ないし十位までは）背比べできるというわけか。

□ 単数と複数

日本語には単数と複数の区別が文法的には存在しないということになっているが、実際の運用面ではけっこう両者の見分けがつくようになっている。

「子供」の「供」は元は「共」と同様で、「子」の複数形のようなものだったし、さらに「とも」は「五人とも」のように「全部」をも意味する。「われわれ」「われら」「わたしたち」のような複数形もある。「山々」「木々」

「花々」「国々」「家々」など、同語を繰り返して複数を造ることもある。いわゆる双数（二つを表す語）も、「両極」「両隣」「両家」「両人」「両者」「両派」「両党」「両性」「両面」「両方向」など、多数ある。

　漢字を多用する日本語では、この種の表現は熟語となっているが、both ＋名詞の形をとる英語では、これらに相当する表現は単なる句（フレーズ）であり、both はほとんど如何なる名詞にもつくことができるのにたいして、「両」のつく日本語は、いくら多いとはい言っても限られている。語と語の結びつきが比較的に自由である英語にくらべると、日本語では、結びつきの条件がきびしいために、語と語の相性の良し悪しが問われることが多く、自由な結びつきを厳格に制限していると言える。この「相性の問題」も翻訳にとって重要な要素を含んでいるので、少し場違いだが、ここで論じておく。

□ 相性の良し悪し

　日本語には、例えば「辛酸を嘗める」という言い回しがあるが、「辛酸」を使った表現はこれしかないのにたいして、英語では、「辛酸」に相当する名詞はもちろん、「嘗める」に当る動詞も、幾つかある。つまり、日本語では「辛酸」と相性のよい動詞は「嘗める」だけであるのにたいして、英語では、suffer, undergo, go through, have a lot of などの動詞（句）のどれか一つを選んで、幾つもある「苦労」という意味の名詞の前につけることができるのだ。つまり、二つの語句の結びつき方が日本語ほど「相性の良し悪し」で制約されてはいない場合が英語には多いということになる。

　いや、そう言いきるのは早計だ、「辛酸を嘗める」は慣用句なのだから、普通の表現と比較して論じることはできない、と反論されそうだが、それならそれで、日本語のほうがこういう慣用句が多いということで、やはり語句と語句との相性の良し悪しで語句の用法が制約を受ける度合いが大きい、と言えるのではなかろうか。

「辛酸を嘗める」の一例だけで一般論をするわけにはいかない、と言うのであれば、近頃はやりの心理学用語「キー・パーソン」の例を挙げてもよい。このカタカナ英語はなぜ「鍵人物」と完全和訳されないのか。その理由は「鍵」と「人」または「人物」や「人間」とのあいだの相性が悪いからだと私は思っている。それにたいして英語ではkeyとpersonとが結びつくのを妨げる要因は、発音上でも、意味上でも、皆無なのである。「鍵人間」とは、前衛小説の題名ぐらいにしか使えない日本語だと言えそうだ。

言葉による表現という点では少なくとも量的に英語人に私達が敵わない大きな理由のひとつがここにあるのではないか。日本語はおそらく世界で最も成熟ないしは爛熟した言語であり、どちらかと言うと、上に述べた「相性のよい」言葉しか一緒には使わない傾向があるのも、そのせいではあるまいか。

いずれにせよ、英和翻訳をする際に心がけなくてはならないのは、語と語の結びつきが比較的に自由な英語から、「相性の問題がうるさい」日本語に自分は今、この原文を訳しているのだと自覚して、たえずその条件内で仕事を進めることであり、そうすれば、reduce the budgetを「予算を減少させる」なぞと舌足らずに訳表現せずに、「予算を削減する」あるいは「切り詰める」と適訳することができるのだ。

□ 数の問題

ここで、単数と複数の問題に戻る。「両方」については先に述べたが、日本語には文字どおり「単」という「一」を表す漢字があるので、翻訳でもそれを活用するに限る。それには「単独」「単身」「単一」「単機」「単騎」などがあり、「単騎、敵中に躍り込む」のような用法がある。「二つ」を意味する漢字としては、「両」のほか「双」も双数として挙げておいたが、これには「双発」「双胴」「双肩」「双生児」などがあり、「双璧」「無双」な

どの「双」は「匹敵するもの」を意味する。「天下無双」は「世界一」のことで、英語に直訳すれば、peerless または matchless といったところか。

「二つ以上」は、日本語では二つそのものも含むのだが、英語で more than two と言えば、2は含まれない。「三々五々」とは、「こちらに三人、あちらに五人」というふうに人が固まっていることだが、英語だとこれが、in twos and threes となる。

なお、英語では複数形の名詞には必ず <s> がつくとは限らず、deer, sheep, swine のように <s> なしで、単と複の両方を兼ねる名詞があることは言うまでもないが、ラテン語源の英語には、単数の basis が複数だと bases となるのを初めとして、単数にも複数にも使える data の語源的な単数は datum であり、medium の複数形が media, radius の複数形が radii, phenomenon の複数形が phenomena であるといった例外があることも知られている。なお、the media は複数形のように見えるが、不可算名詞として、いわゆる「メディア」の意で集合的に使われている。(野球の「塁」などを意味する base は普通の名詞なので、語尾に <s> をつければ複数になる)。

普通の英文法書には載っていない数の表現法として、thousands の前に tens や hundreds がついて、それぞれ「何万もの」と「何十万もの」とを意味することを英書の読書経験ですでにご存知の読者も多いだろう。

□ 数表法

日本語では、特に第三人称の人称代名詞（「彼」「彼ら」など）はあまり使われないので、その代わりとなる表現が翻訳では必要となる場合が多い。特に they を「彼（女）ら」と訳すのを避ける方法が求められる場合には、「二人は」とか「四人は」などと人数で複数の人を表す「数表法」がものを言う。英語でも、例えば「彼ら三人」という言い方もあるにはある。the three of them がそれであるが、「数表法」ではそれをほとんどすべての「彼ら」に適用するわけだ。もちろん、そうするためには、「彼ら」が総勢

第二部　英和翻訳特論

何名であるかが確実に解っていなくてはならない。

  They crossed the river, wading the rapid current knee-deep.
  五人は膝まで急流につかって川を渡った。

　上のように「五人」とか、場合によっては「四人」とか、その時々の人数で複数代名詞を表すことができるのだから、実質的には the group を意味する「一行」「一同」「一座」などを使って they を訳表現することもできるわけだ。もちろん、原語が all of them や the whole group だったなら「全員」や「皆」や「総勢～名」を使う手もある。

　ただ、人数が曖昧な場合に使う「三四人」や「七八人」などの限度が何人であるのか、例えば「十五六人」あたりをもって最多限度とするというように仮にでも定めておく必要があろう。さもないと「野次馬は二十七八人もいたろうか」のように妙に"厳密な"曖昧さの表現になりかねないからだ。（この問題は、次の「端数と概数」の問題とも絡んでいる）。

□ odd number と round number

　半端（odd）な数でも、小数点以下まできちんと表記しなければならないこともある。理数科の本では特にそうだろう。しかし、小説などの読み物では、いくら realism の作品だと言っても、The road is 15-feet wide. をメートル法に換算した4メートル57センチ強を使って「道幅は4メートル57センチあまりだ」と厳密に訳表記するには及ばない。「約5メートル」と概数（round number）で表すほうが自然である。8マイルだったら、四捨五入して「およそ13キロ（メートル）」で充分だろう。

　多くの場合、原作者は数字を挙げる時、すでに概数を使っている。それを和訳する際に、厳密に端数で訳したのでは、原作者の意図に反する結果になってしまう。原文ほどまろやかな（round な）数字にはならなくても、なるべくこまかい端数は避けて数表記するのが親切というものだろう。つ

いでだが、1 yard は91.44センチなので、ゴルフの場合以外は「1メートル（たらず）」へと換算し、例えば10 yards になったら、「およそ9メートル」と換算するなど、なるべくround number に近づけるように心がけるべきだろう。

□ カタカナ語の問題

　まず、どうしてもカタカナでなくては通用しない語句だけをカタカナ表記するように心がけることが望ましい。そういう語句で第一の部類に属するのは、人名、地名など、各種の固有名詞であるが、翻訳者泣かせなのは、特に人名の発音表記が辞書によって異なる場合が少なくないことだ。Huxley ならば、今ではおよそ「ハクスレー」に統一されているようだが、Lawrence となると「ロレンス」と「ローレンス」の二通りがあり、Rooseveltも「ルーズヴェルト」と「ローズヴェルト」と二様の読み方が挙げられている。地名でも Los Angeles は「ロサンジェルス」とも「ロサンゼルス」とも表記される。こういう例は他にも非常に多くある。「ウィルソン」か「ウィルスン」か。「デイビッド」か「デイヴィッド」か。

　特に <v> 音を <b> 音と区別するかしないかについては、訳者個人の好みで <v> 音を訳書に採用してもらえる場合もあるので、初めから諦めないことが肝腎だ。但し、<r> 音と <l> 音とを区別しない日本語で、古来からあったわけではない <v> 音を使うのを公認する必要があるのか、という反対論もあることを忘れずに。

　とにかく、幾とおりかの表記法がある固有名詞については、いずれの発音・表記を選ぶにしても、選んだ以上は最後まで同じカタカナ表記をつらぬく必要があることは言うまでもない。

　それよりも問題なのは、いわゆる「原地主義」による発音表記の問題で、これは結局のところ、英語の場合なら英語主義（英語式の発音）によるのか、原地主義（問題の英語がギリシャ人名ならば、ギリシャ語式の発音を

使う）によるのかの決定は、今も日本では、著者や訳者の自由に委ねられることが多く、同じ人物、例えばユリウス・カエサルが英語読みで「ジュリアス・シーザー」となることもあるのだ。ナポレオン軍の敗れたワーテルローの戦いも英語読みだとウォータールーの戦いとなる。

　訳し始めた時に、原地主義で行こうと決めておいても、それを全部の固有名詞に関して通せないことがよくあるので、この問題はあまり厳格に考えず、柔軟に対処するに限ると思う。

□ **カタカナ表記**

　近頃、「ダメ」とか「バカ」とか「キレる」など、歴とした漢字で書ける日本語までカタカナで表記する傾向があるが、よほどのあちゃらか調でも狙っているならいざ知らず、こういう軽すぎるカタカナ書きは避けるのが普通の神経だろう。

　その他のカタカナ表記についても、例えば「このタイプの高速艇」ならば「この手の〜」と砕いて和訳するとか、「この型の〜」「この種類の〜」とした上で、どうしても「タイプ」を使いたいとあれば「型」や「種類」の横に「タイプ」とルビを振ればよい。この方法は、カタカナ外来語を主にして、それに漢字などのルビを振るやり方よりは日本語中心で、推奨できる。

　国名も、「英・米・露・中・伊・独・仏・印」など、漢字一字に略せるものは略して、「米仏関係」のような表現にすればよい。上の一語表現に「国」をつけられるのは、「英」「米」と「中」だけで、「印」には「度」がついて完全な国名になる。ほかにも、かつては「露西亜」「独逸」「仏蘭西」「伊太利」などのように国ばかりか、「紐育」（ニューヨーク）、「華府」（ワシントン）、「聖林」（ハリウッド）、「巴里」（パリ）、「倫敦」（ロンドン）など、主要な都市名まで漢字表記されていたものだ。

　「ニューヨーク」は New York なので、「ニュー・ヨーク」のように中黒

または中点（・）をつけたほうが原語に近いのに、なぜ中点を省くようになってしまったのか。少なくとも、米国の州や大都市でその名にNewがついているものが全部、区切りのない棒読みになっている。South DakotaもNorth Carolinaも例外ではない。私は中黒復活論者なので、「ロサンゼルス」以外は全部、二語から成る地名には（・）を用いることを正則とすべきだと思っている。

□ 対訳本の功罪

　近年、知らぬ間に廃れてしまったのか、もうあまり目にすることのないものに、英和の対訳本がある。対訳というのは便利な翻訳形式で、読者は一冊の本で原文と訳文の双方を目に入れながら読み進むことができる。したがって、物理的に便利な形をとっているように思えるのだが、左側の頁に原文、右側に訳文という配列で、原文一行につき、訳文も一行にとどめることは難しく、原文の途中で訳文が次の頁にずれ込んでしまうなど、割り振りの問題が第一にある。しかし、この問題は、紙面の余裕をゆったりとって、一頁内の行数や字数を自由に増減できるようにすれば解決できるのではあるまいか。

　では、なぜ対訳本があまり読まれないのか。その最大の理由は、訳文の質が、普通の翻訳本とは違って原文を意識しすぎているためである。普通の訳書なら、原文は読者に解らないので、訳者は思いきった意訳も自由にできる。対訳書ではそうは行かず、訳文と原文の差が大きすぎると、すぐ読者はそれに気づき、その訳文を疑いさえするかもしれない。

　こうなると、対訳書の利点であるべき原文併載が却って訳読の邪魔をするという結果になってしまうのだ。次に掲げるのは、近年に出たある英和対訳書の一節である。

　　　In fact the program has about the same relation to political debate as pro wrestling has to sport.

第11章　日英語間の往復通行

　　　（実の話、この番組と政治討論は、プロレスとスポーツほどの関係
　　しかない）（A）

　上の訳文を綴った人は、原文がすっかり解っていたにちがいない。しかし、その人の顔は読者のほうではなく、原文のほうを向いているようなのだ。読者にすぐピンとくるように訳していたら、次のようになっていたろう。

　　　　実のところ、この番組が政治討論とは似て非なること、プロレス
　　がスポーツならざるものであるのと同じだった。

　この訳がAとくらべて誇張の度はずっと高いにしろ、解りやすい文であることは確かで、(A) 訳文では、プロレスはスポーツであるとしてもその最底辺に位置するものだという、暗黙の前提が解らないと、原文理解が完全にできたことにはならないのだ。ここで必要なのは、「このTV番組と、政治討論会との距離（厳密には「乖離」）は、プロレスと、スポーツとのそれとひとしい」というような中間訳ないしは中間説明なのではあるまいか。この場合には、「関係」を「距離」や「乖離」と訳し変えたりした中間項を設けるのがひとつの秘訣である。

　原文と訳文とのあいだに、こうした中間項的な訳や説明を必要に応じて設ければ、対訳という翻訳出版形式は読者の英語力、翻訳力の強化増進に大いに役立つはずだ。対訳の発展的復活を私は願うものである。

　本書の読者も、まだほんの駆け出しの初心者でなくとも、ノート・ブックの第一行目に原文を書き、第二行目に原文の文法構成などを解明する符号、矢印、メモなどを記し、第三行目に訳文の草稿を書きとめるなどして、少しでもこの対訳的な方法を採りいれれば、確実に構文把握する態度が身につき、英和翻訳力にも弾みがつくことを私の経験から保証しておく。

□ 翻訳は日本化にあらず

　上の表題がどういうことを意味しているかは、本章の冒頭に記したこと

を覚えている人なら、察しがつくだろう。そこにはこう仄めかしておいた。Oh my God! を「南無八幡！」と訳すのは、行き過ぎで、せいぜい「おお、天よ、何としたことか！」くらいが直訳の限度ではないか。それを日本の「神」への呼びかけに変えてしまうのは、belfry（教会の鐘楼）を「五重の塔」と訳すのと五十歩百歩の訳し過ぎであって、日本語化の営みである翻訳と、日本化すなわち翻案とを混同した結果なのである。

とは言っても、例えばwindfall（予期せぬ授かりもの）を「棚ぼた」（棚から落ちてきた牡丹餅）と心象訳したり、You can't take it with you.（あの世にはお金は持っていけない）を「地獄の沙汰は金では破れぬ」と日本の諺と重ねて意訳したりする工夫まで悪しき日本化の名のもとに否定したのでは、頑迷のそしりを免れまい。

むしろ、「風で枝から落ちた果物」を原義とするwindfallの訳として、（もちろん牡丹餅は日本にしかないものだが）「棚ぼた」を充てるのは、homelyの訳として「糠味噌くさい」を使うのと同じように許容範囲内にある「土地錯誤」（アナトポニミズム？）とも言うべき表現法であって、A pearl to swine. を「猫に小判」と訳すのと同様に大目に見てよい日本化なのだ。（私としては「豚に真珠」と直訳して日本の読者に一つでも多く英語の諺も知ってもらいたい、という気持ちもある）。「地獄の沙汰は金では破れぬ」の場合も、地獄という概念は大雑把に言えば東西共通だったということで許容されうる訳表現だと思う。

しかし、面接試験などで "We'll let you know."（追ってお知らせ致します）と審査員が応募者などに言うのは、「落第です」の婉曲表現なので、例えば *Amateur Singers on the Air* という素人のど自慢番組で審査員がこう言ったという英文を、日本の慣例にひきつけて「鐘ひとつ」と訳すのは、よしんば喜劇的な設定の文脈内でのことだとしても、明らかに行き過ぎた日本化であって、認めるわけにはいかないのだ。

例を挙げて上のことを徹底させよう。

Cathy sang a snatch of a ballad out of tune.
Hilda said at once," We'll let you know."

　これを「キャシーが調子っぱずれに歌謡曲の一節を歌うと、すかさずヒルダは＜カーン＞と言った」と訳すのは、米国でも素人のど自慢で落選すると、鐘が一回鳴らされる決まりになっているという誤った考えを日本の読者に植えつける結果になるので、避けるべきであり、いくら＜カーン＞が効果万点の冷やかし文句であっても、日本の慣習を米国人に実行させるわけにはいかないのだ。米国では、こういう場面では審査員が10点満点のうちの何点であるかを小さなプラカードで示すという。

　私のいう日本化とはどういうことか、以上でお解り頂けたろう。社会の慣行や日常生活の決まりなどでは、まだまだ東は東、西は西の状態が現実なのであり、翻訳とは、外国文化の移入、摂取ではなく、紹介であって、あくまでもその日本語化であり、日本化ではない、とひとまずは、はっきりとけじめをつけるべきであろう。(「紹介」というと、その英訳は普通 introduction なのだが、この英語は「導入」をも意味するので、ここで私が使っている「紹介」は、making *something* known in another country とでも英訳しないことには、誤解されるおそれがある)。

第12章　不即不離の原理

　　　a novelist turned critic

　例えば、上のような、一見しただけでは文法構造がつかめない難句をあなたは、それと同種の句（a X turned Y）が英和辞書では簡単に見つからないために、あてずっぽうに「批評家に噛みつく小説家」なぞと訳していたとすると、それを含む文章全体が解読不能となってしまう。その句は、実は、解りやすく意訳すれば「元小説家だった批評家」という表現になるものなので、この明解な日本語表現を英語に逆翻訳すると、直訳では a critic who was once a novelist, 意訳では a novelist who has turned into a critic というありきたりの英句にしかならず、よほどの英語使いでない限り、a novelist turned critic という例外的な表現形態を使うことを思いつけないのではないか。

　したがって、「元小説家だった批評家」では、a novelist turned critic という句の翻訳にはならず、そのパラフレイズでしかない。これは、Frailty, thy name is woman. を「弱きものよ、汝の名は女なり」と直訳した場合とも、「たわいのない、それが女というものか」と意訳した場合とも異なる性格の、説明訳ないしは言い替えにすぎないと言ってよい。では、どう訳せば、翻訳になるのか。

　　　小説家ひるがえっての批評家

　ちょっと意表を衝いた訳表現だが、a novelist turned critic という句中の turned は上のように「ひるがえっての」とか、「転じての」ないしは「変じての」としか直訳できない動詞 turned の特殊な用例なのである。ただ、「A ひるがえっての B」という表現法は日本語の用法として自然であるかどうか、という疑問が残るために、これを決定訳と呼ぶことを私はためらい、

第12章　不即不離の原理

かつ、あたかもこれが「生硬な」訳し方であるかのように敢えてこれを直訳と呼んでみたのである。

　ここで、本書で最も重要な部類に属する原理が現れてくる。それは直訳と意訳の定義にかかわるものであり、この二つの用語を私は本書でどのように使っているかを、もちろん或る程度までだが厳密にここで規定しておきたい。

　これまでに挙げた例で直訳と意訳が最も簡単明瞭に区別できるのは、シェイクスピア作『ジュリアス・シーザー』中の一句、Speak, hands, for me！の訳し方だろう。これをまず直訳すると、次のようになる。

　　　　　語れ、手よ、わがために！

　上はまさしく純粋な逐語訳であり、頭から訳すという能率的で、しかも直接効果を狙った訳し方として、考えうる限り短い台詞なのだが、いかんせん、意味が不明確である。もちろん、この台詞だけを問題として、その範囲内でのみ考えれば、「私に代わって、口を利いてくれ」と手に呼びかけていることはこの上なくはっきりしている。が、一定の状況の中で、一定の所作を伴って言われる台詞としては、「語れ！」と言っても、何を語れと命じているのか、さっぱり解らない。それを解らせるために、「あとは腕づくでいくよりない」とか、「もうこうなったら、この手にものをいわせるまでだ」のように一種の掛け言葉として「実力行使あるのみ」という意味でこの一句を訳した人もいたわけだ。speakを「ものを言わせる」に掛けた工夫も含めて、これはもちろん意訳の部類に属する。そして、この調子で意訳を試みれば、幾通りでも訳文が綴れるだろう。

　しかし、それでは話は相対的な問題となって、この訳にもいいところがあるが、あの訳も棄てがたい、というわけで、最終判断が下せないことになる。もちろん、そういう翻訳論もあっていいかもしれないが、「原理」という言葉を題名に使った本書としては、何を以って優劣・良否の判断基準とするかをできるだけはっきりさせなくてはならない。

Speak, hands, for me! の例で言えば、シーザー暗殺の第一撃を加える男の掛け声という具体条件のもとでは、この台詞はどうしても「この手に聞け！」としか訳しようがないのだと言い切ってよい、と私は思う。その理由は「諺・慣用句・洒落・そして比喩」の項で述べたとおり、もはや問答無用とばかりに剣を抜く壮士の一挙手一投足、そして呼吸とそれが一致しているからだ。

　だが、もし前述した「語れ、手よ、わがために！」という純粋直訳が以上の条件を満たしていたとすれば、それに勝る名訳はないということになっていたろう。言い換えると、最良の翻訳とは、いや、最も幸運な翻訳とは上のように構文や語順が原文どおりで、語義もほとんど辞書どおりの直訳文であって、しかも何の不自然さもなく訳文脈にぴったり収まるものを言うのである。それこそが理想的な直訳にほかならない。

　しかし、残念ながら、そういう訳し方ができる原文の数はごく限られている。それは第一に短文でなければならず、第二に構文がこみいっていない単純なものでなくてはならないからである。

　つまり、ずばぬけた名訳の可能性は、原作の文体の質ばかりか、その数量的な要素にも依存する度合いが多いのであり、そのことを如実に示す好例は上田敏の訳で有名な『春の朝』の場合であろう。

　　　時は春、
　　　日は朝（あした）、
　　　朝は七時、
　　　片岡に露みちて
　　　揚雲雀なのりいで、
　　　蝸牛枝に這ひ、
　　　神、そらに知ろしめす。
　　　すべて世は事も無し。

　これが英語からの翻訳であるとは誰も思わないほど自然に流露する和語

第12章　不即不離の原理

のつらなりとなりえたのは、訳者の才能もさることながら、ブラウニングの原詩そのものの簡明さと叙景性と単純な信仰のおかげであることは、次に引用するその原文を見れば明らかである。

> The year's at the spring,
> And day's at the morn ;
> Morning's at seven ;
> The hill-side's dew pearled ;
> The lark's on the wing ;
> The snail's on the thorn ;
> God's in His heaven —
> All's right with the world.

　8行すべてが単文で、2行に跨っている複文は一個所もない。year を「時」、morn を「朝（あした）」と古文調で訳し、「片岡」や「露みちて」、「なのりいで」や「知ろしめし」など、原文とは違う心象に意訳した工夫もさることながら、この原詩の構成がこれほど単純でなかったら、これほどうまくは訳せなかったろう。

　二行にわたる複文が一つもない上に、各行に使われている動詞は be <'s> だけであって、それがこの詩を口ずさみやすく覚えやすいという意味で単純な——非常に親しみやすいものとしているのだが、もし上田敏がそれに引きずられて、全行を「〜にあり」と直訳していたならば、その訳詩の効果はほぼ半減していたろう。（原文のほうは、音韻と音性律の複雑さが be 動詞多用の見かけ上の単調さ——実は透明さ——を補っていて余りあるのだ）。

　原文では述語動詞は、ほとんど文法機能しか果たしていないのにたいして、訳文では動詞をすこぶる効果的に使っているわけで、そこにも多くの翻訳につきものの原文との「ずれ」が見られる。そして、この「ずれ」があるということは、もちろん、その訳文に意訳の要素が大なり小なり含まれていると言うのと同じことなのである。

結局、上田敏の『春の朝』は、原文の単純な構成を変えなかったという点では直訳であり、be一点張りだった原文の動詞を多様化して、その目的語や補語を雅趣のある和語で表現し直したり、主語にしても、the year（「年」）を「時」と意訳したりするなどの点では、大幅な意訳になっている。一口で言えば、文の骨組みが直訳で、肉づけが意訳なのである。

　しかし、構成基盤あるいは骨組みと、肉づきすなわち個々の表現とを画然と区別することは、一般には不可能で、両者は渾然と一体化している。『春の朝』の場合にそれが区別できたのは、原訳ともに短い一行がほとんどひとつの文を成し、並列していて、その全体も8行という短詩形式をとっていたからにほかならないのだ。

　以上が翻訳の第二部類である「直訳・意訳の混合訳」に属する場合であり、翻訳の多くは、この第二部類か、あるいは第三の部類である総体的意訳に属している。その第三部類の一例は、It is also illuminating. という前出の短文である（16頁参照）。直訳すればこれは「それは明るくしてもくれる」といったところだが、実際の文脈内では「これでひとつ利口になりもしたよ」と全体を意訳するのが最も適切な訳し方であることはすでに見たとおりであり、この意訳で原文と語句単位で直接に照応し合っているのは、alsoと「も」くらいのものである。

　以上で三とおりの翻訳法を概観したわけだが、もうひとつ、超意訳と呼ぶことのできる訳し方がある。これも前述の例で言うと、『マクベス』のあの厭世独白の第二行の福田恆存訳を挙げることができる。…Creeps in this petty pace from day to day…「一日から一日へとこのみみっちい歩幅で這いつづける」と直訳できるこの一行を「さうして日一日と時の階（きざはし）を小刻みにずり落ちてゆく」と福田先生は心象転換して意訳されたのである。（福田訳では歴史的仮名遣いが用いられている）

　直訳、意訳を含む直訳、総体的意訳、そして超意訳という四つの訳法がこれまでに出てきたわけだが、ここで肝腎なのは、実際の翻訳では、一作

品はおろか、一段落や、ひいては一センテンスの中ですら、これら四つの訳法の二つか三つ、ないしは四つ全部が順不同に使われることが多いということである。その例はこれまでにも幾つか出てきた。

□ 最終中間訳から決定訳へ

　少し前に、純粋な直訳ができる原文の数はごく限られている、と私は書いた。その理由として、その原文は短い単文（の並列）でなくてはならないからだ、とも書いた。だが、この点をつきつめて考えてみると、「核文」と呼ばれる最短の基本文ですら、その訳し方がひと通りではないことはすでに「構文を変える」の章で見たとおりである。

　そこでは、「頭から訳す」方法ないしは「構文変換」訳と「品詞転換」訳とが融合した訳し方を挙げておいたが、ここでは、もっと長い例文で、「頭から訳す」方法と「品詞転換」の両方がやはり混じっている訳し方を実験してみよう。

　　　We dare not risk regime change — yet — because of the deluge that would follow.

　(1) わが国は危険を冒してまで政体を改革させるわけにはまだいかないのだ――無理をしたら忽ち大災害が起こるに決まっているのだから。

　(2) わが国が敢えて政体を改革させることが今のところできないのは、そのような挙に出たら、とたんに大変な惨禍に見舞われるからなのである。

　これは長い段落の最後の文なので、ちょっと説明を要する。「わが国」とは米国で、「政体」とはイスラムなどの独裁政権のことである。米国がパキスタンなどの独裁政治を認めているのは、それらが独裁国ではあっても、比較的に穏健な政治を行っているからで、その点を斟酌しないで、強

制的に政権を変えたりすると、大変なことになるので、さし当って米国に最も危害を加えそうな独裁国から崩してゆくのが米国の戦略なのだ、という要旨である。

　翻訳の問題として、何よりもまず注目すべきは、文末から二語目のwouldである。この助動詞は仮定を表すものなので、(1) や (2) のように「無理をしたら」とか「そのような挙に出たら」といった節を補充しなくては文意を通じさせることができないのだ。もっと具体的に説明すれば、if clause (ifで始まる節) として、「もしも政体革新を強行しようものなら」という意味の一節が省略されていることをこのwouldは示しているので、和訳文ではその省略部分を復活させて明示する必要が生じたわけなのだ。それをなるべく少ない語数で行うのが腕の見せどころであろう。(仮定のwouldについては87頁にも解説してある)。

　(1) と (2) はbecause of以前の部分を先に訳しているという点では共通しているが、(1) は「〜だから」で文が終わるというやや変則的なかたちになっている。いわゆる翻訳調なのである。その (2) と (1) とではどちらを選ぶか、となったら、それは各自のお気に召すままと言えそうなのだが、(1) を選んでもあまりおかしくはない理由は、問題の文章が段落の最後の文だからであって、そうでなかったら、その後にくる文との繋がり具合という点で思わしくないかたちになるおそれが多分にあるので、みだりに選ぶことは禁物なのである。

　まずそのことを理解してから、本論の流れに沿って、次の点に留意して頂きたい。because of以下を先に訳すという学校文法式の方法を採っていたら、訳文は次のようになっていたろう。

　　　(3) 政体改革を強行していたら、次いで起こるであろう大災害ゆえに、わが国は敢えて政体革新の危険を冒すわけにはいかないのだ。

　(3) については、第一に「政体改革を敢えて行う」という意味の表現を従属節と主節の両方で繰りかえさないと文意が通じないという点で難があ

る。さらに、「次いで起こるであろう大災害ゆえに」が、そのあとにくる節としっくり結びつかないうらみもあるので、「〜ゆえに」の部分を「それに続いて大災害が起こるにちがいないので」のように句から節へ転換したほうが繋がり具合がよくなるという点にも注意したい。

　以上の諸点を考慮すると、(1)(2)(3)のうち、(2)が最も適訳だということになるわけだが、この結論に達するには、かなり面倒な構文分析と柔軟な日本語表現技術が必要だった。このことから引き出せる翻訳全般についての指針が次に記す「不即不離の原理」にほかならない。

□ 不即不離の態度

　第一章は「翻訳とは何か」についての定義で始めたが、今度はどういう「姿勢」で先ず原文に接し、次いで訳文をひねり出し、練り上げる過程ではどのような距離を原文とのあいだに保てばよいのか、という点について少々述べておく。

　先ずは原文に即（つ）くべし。すべてはそこから始まるのだ。

　この鉄則は、語学力、英語力の練磨なくしては貫徹できない。

　だが、翻訳は単なる語学ではない。英語の原文の前で、いったんは自分を殺し、無にして、全神経を原文にさらすことによって、可能な限り原文の全要素を吸収しつくした上で、初めて自分の本当の言語である日本語の言語感覚と能力をもって、いったん吸収したoriginalを別のかたち、あらたなる唯一のversionで吐き出すこと、それがあるべき翻訳の全過程なのだ。

　あくまでも原文に即こうとする当初の密着主義は、そのままでありつづけたならば、何の見るべき成果も挙げることはできまい。当然である。それでは原文理解あるいは了解の段階にとどまって、翻訳というものの本質的部分である再表現の営みにとりかかることすらできないからだ。

いったん頭脳と魂の内部に吸収された original を日本語という媒体によって、まさに日本語として表出するためには、何としても original そのものの呪縛から解き放たれなくてはならない。それでいて、original の木霊（こだま）、写像、影法師、あるいは形跡は、どうあってもとどめておかなくては、the true version としての翻訳は存立することができないのだ。翻訳の宿命的な二重性である。

　ここに不即不離の原理が登場する。いったんは自分を殺してまでそれに即し則した original にたいして今度は距離を置き、日本語という本当の自分の original tongue をもって原文を思量し、いったんはそれに征服された自分の魂をもってそれを征服し、ねじ伏せることなく従わせ、そこに真実の master＝servant 等式を定着させること――それこそが翻訳というものの技術的な意味であり、精神的な意義であり、歴史的な目的にほかならないのだ。

□ 文化的背景と視覚化

　翻訳は、原作の背景にある異国の文化を熟知していなければ満足にはできないとよく言われる。まだ西洋の文化事情がよく知られていなかった明治初期の翻訳が多くの誤訳を含んでいたのは当然であるが、現在では西洋にあって日本にはない物品はほとんどないほど日本の西洋化が進んでしまったので、明治の翻訳者に比べると、私たちは西洋の事物を想像する必要はあまりなくなり、むしろ実際に見たり、映像を通じて知ったりしているものが多く、翻訳中にそういう物の描写が原作に出てきても、まごつかずにその形や色を「視覚化」できるようになっている。A という言葉から A′ という実物を視覚化できるということは翻訳を精密に行う上で、計り知れないほど有益なことなのである。

　視覚化の具体例をここで二つ挙げるとしよう。まずは fall in a heap という一種の慣用句からだが、in a heap を辞書で引くと「ひとかたまりになっ

て」とある。人の場合、「ひとかたまり」というのは「何人かが固まって」ということなのだが、この場合は「一人」が「ひとかたまりになって」倒れる、と言うのであるから、その人体の動きを脳裡に想いうかべる（視覚化する）と、前後か左右に身を伸ばすようにして文字どおり「伸びて」しまうのではなく、垂直に（身を二つに折るようにして）「へたりこむ」あるいは「うずくまるように」倒れる光景が見えてくる。それがfall in a heapという倒れ方の真意なのだ。

　視覚化の第二の例は、次の英文が表そうとしている二人の人物の配置、位置関係をただ字づらだけの表現としてではなく、具象的な画面として眼前に彷彿とさせることである。

　　　　Mary sat before the fireplace opposite Adam.

　上の英文を字づらだけで訳すと、「メアリーは暖炉の前で、アダムの真向いに坐っていた」となるのだが、それだとアダムとメアリーの位置関係が判然としない。ところが、特にoppositeという一語の意味を正確につかもうと努めながら、二人と暖炉の位置関係をvisualize（視覚化）してみると、そこにおのずからうかびあがってくるのは、「メアリーとアダムは暖炉の前で向き合って坐っている」という構図なのである。つまり、二人は暖炉に向かってではなく、「お互いに向き合って暖炉の前で坐っている」ことになるわけだ。もちろん、この視覚化は常識という何よりの現実把握によって支えられていることも忘れてはならない。ひとつ結論めいたことを言えば、視覚化を含む想像（イメージを視ること）と、常識との二つが結合して、正しい原文解読が可能になるわけである。

　ここで文化背景の問題に焦点を絞ると、米国では裁判は陪審制度をとっているが、それがどのようなもので、どのように実行されているかといったことは、予備知識としてまったく知っていなくとも、一般辞書や専門辞典を引き引き、法廷ものの推理小説でも読めば、いやでも解ることなのである。

　しかし、特に時代ものを翻訳する時に気をつける必要があるのは、

ちょっとした描写にもその時代の人たちの風俗やものの感じ方が作中に投影されている場合である。それは日本でも常識となっている歴史知識によってあぶり出せることもあるが、次にあげるヴィクトリア時代を舞台とした小説中の一節に出てくるdisturbinglyという一語がどうしてもうまく訳せなかった時、ヴィクトリア時代人の性意識や性表現の特徴を想い出すことによって、やっと私なりの解釈で何とか訳出することができた。

　　　テーブルから垂れていなくてはならないはずの白いモスリンの端がたくし上げられていたので、テーブルの脚がdisturbinglyに露出していた。

このdisturbinglyはもちろん動詞disturbの形容詞形に-lyの副詞語尾をつけたもので、英和辞典によるとdisturbingは「心を乱す（ような）」とか「騒がしい」あるいは「不穏な」といった意味をもつとあるので、disturbinglyは「心を乱すように」とか「不穏に」などと訳せるわけなのだが、上の引用文中にこれを当てはめると、次のようになってしまう。

　　　テーブルの脚が見る人の心を乱すように露出していた。

この訳文から読者はどんな印象を受けるだろうか。テーブルの脚がぶざまなので心を乱されると解するのが普通だと思うが、作者はそのつもりでこの一語を使ったのだろうか。そうではないと私は解釈して、初めは「悩ましい気持ちにさせるほど」と訳してみてから、「こちらがそわそわするほどになまめかしく」と決定訳した。

その理由はもはや言うまでもあるまい。ヴィクトリア時代人には、脚が露出していると、たとえテーブルの脚であっても、性的な連想を誘うものだったのである。当時の人たちは、性的なもののあからさまな表現を隠そう隠そうとする傾向が強かったので、その反動としてテーブルの脚にも色気を感じるという結果になったのだ、と私は解釈してみたのである。

文化的背景が絡んでいる場合には、上の例のように、唯の一語にも多く

第二部　英和翻訳特論

第12章　不即不離の原理

を読み込んで、したがって大幅な意訳である「なまめかしく」という補充訳をする必要があったわけだが、ここでまた、いかなる意訳も受けつけそうにないあの句、a novelist turned critic に話を戻さなくてはならない。ほとんど文法分析不能のこの難句は、やはり「小説家ひるがえっての批評家」というようにしか訳せず、他の訳し方は全部、原句のもつ特異性を排除してしまうように思われるのだ。

　では、a novelist turned critic という原句（X）の特異性とは何か。先ずはそれを追究しなくてはならない。

　例えば a novelist who has turned into a critic という何の変哲もない原句（Y）とくらべると、（X）は語数がちょうど半分で、すこぶる短く、冠詞の使い方が文法違反的である上に、動詞 turn の用法も少なくとも曖昧である。この動詞は（X）でも過去分詞として使われている点では（Y）と同じなのだが、（Y）の turn が「〜が≈に変る」といういわば能動的な推移を含意しているのにたいして、受動と言っても差し支えのない性格を帯びている（X）の turned は、それを含む表現全体を静止させ、固定化させる働きをしていることが実感できる。

　ひとことで言ってしまえば、a novelist turned critic という句は、a novelist who has turned into a critic が動的な推移を含意して時間の経過を感じさせるのにたいして、静的な立体構造を成して、空間的に「まとまって」いるのである。したがって、そこには「小説家だった」批評家と「批評家になった」小説家とのあいだに何らの時間的経過も存在せず、ひいては同時存在的に一体化している「小説家＝批評家」が表象されているのだ。

　そういう超時間的な並行ないしは立体（像）として小説家と批評家は、いわば順不同で同一の句内に現存し、共存しているのであり、そのありかたを感じさせるには「だった」とか「なった」とか「元」という訳語の使用は障碍となりこそすれ、厳密に原意を伝える表現とはなりえないのだ。

　以上で、なぜ問題の英句を私は「小説家ひるがえっての批評家」と（超）

直訳してみたのか、その理由がお解り頂けたであろう。試訳がそのままで決定訳となったわけだ。

こうなると、意訳に超意訳があったのと同様に、直訳にも超直訳という翻訳次元が存在することになる。とすれば、翻訳の仕方は、直訳と意訳という分類法に従った場合、全部で五つあることになる。超直訳と直訳と意訳混じりの直訳、総体的な意訳、超意訳の五つである。

この五とおりのうち一つから五つまでの任意の数の訳し方を、一つの作品の翻訳過程でどう自由に組み合わせるかが訳の良否を決定する一因なのだ。

□ 意味内容と表現形式

国語辞書によると、翻訳とは、或る言語で表現された文章の内容を他の言語になおすことであるなどと定義されているが、実際の翻訳では原文の意味「内容」だけを日本語になおすのではなく、原文の表現「形態」をもできるだけ日本語化しなくてはならないのだということは何度も述べてきた。

以上のことを手近な例で説明すると、a novelist turned critic という句の具体的な意味は、「元小説家だった批評家」によっても、「批評家になった小説家」によってでも表すことができるが、同句の表現形態は「小説家ひるがえっての批評家」という訳し方によってしか日本語化できないのだ。

もし翻訳が原文の意味内容だけを表せるだけでよいとなったら、すべての翻訳が単純明快な「批評家になった小説家」式の訳し方で済んでしまい、味気ないこと甚だしい結果になっているだろう。

言葉は意味内容の伝達のためにだけあるのではなく、それ自体がすでにものなのである。ということは、どの言語表現にもそれなりの形、形態があるのだ、ということになり、そこのところから、翻訳論の難しさが生ずる。その難点を避けて通るには、言語のこのような二面性を強引に一面ずつに分解して、伝達の手段としての言語と、ものとしての言葉とを別々に

第12章　不即不離の原理

論ずる以外にない。

　しかし、本当は言語の一面だけを論ずるのは不可能なのだ。いわゆる伝達のために言語が使われている際にも、ものとしての言葉がその中に溶けこんでいるからである。そこで、分析してしまえば二面をもっている言語を一元化して、いわばまるごと言語、翻訳の問題と取り組んでみたのが、a novelist turned critic という句を分析しようとするこれまでの試みだったのである。

　ところで、『新・大英和辞典 第6版』で3頁の紙面を占めている動詞 turn に関する長い記述の中から、X turned Y というこの特殊な句を探し出すのは、容易なことではない。手際よく辞書を引くにも、勘にも似た能力と慣れが必要であり、辞書の引き方が早くて確実な人は、それだけ早く確実に翻訳もできるはずだ。そういう人は、ここのところまでは辞書で解るが、ここから先は自力で解明するほかないと、けじめをつけるのも早いにちがいない。

第13章　誤訳の発見と予防

□ 誤訳はなぜ起きる？

careless mistakes とよく言うが、「不注意ではない」誤訳というものもあるのだろうか。実際には、すべての誤訳は不注意から起きるのではないのか。

> There are more things in heaven and earth, Horatio,
> Than are dreamt of in your philosophy.

ハムレットが学友ホレイショーに言う上のせりふは、たいがい、次のように訳されてきた。

> ホレイショー、天と地には、人智の思いも及ばぬことがあるのだ。

ところが、ある批評家に言わせると、your philosophy とは「世にいう哲学」「いわゆる哲学」のことであると言う。そうなると、「人智の思いも及ばぬ」という形容は「尋常な智恵では思いも及ばぬ」という表現に変えなくてはならぬことになる。

作品が古典であればあるほど、それが書かれた時代に使われていた語義が後世になってから究明されることも多いわけだが、おそらくそういう究明前の誤りを careless ではない本格的な mistake と呼び、foe（敵）を前置詞の for と読み違えてしまうような誤りには「不注意な」という形容がつくと言えるのだろうか。

私が犯したのか、誤植だったのか、ついに確認できなかった最大の誤訳は、イスラエルの初代首相ベングリオンの言葉「赦せ、だが忘れるな」が「忘れろ、だが赦すな」と前後入れ替わっていたことである。「忘れろ、だが赦すな」ではナンセンスであり、そのナンセンス性を私が校正の段階で

見抜けなかったとすれば、これは明らかに重大な間違いである。

しかしこの誤訳がmisprintではなかったとすると、初め訳していた時には、forgiveとforgetとを取り違えるという「不注意」が誤りの原因だったはずなので、それを誤訳の主因と見れば、これもcareless mistakeだということになる。

そういう次第で、私にはすべてのミスが「不注意ミス」に帰着すると思えることもある。「ペンキ屋」のpainterを「画家」と取り違えたのも、「失言する」を意味するput your foot in your mouthを「口に足を咥える」と訳したのも——全部、不注意誤訳なのではないか。

だが、どう見ても不注意によるのではなく、実力不足によるとしか思えない誤訳もあると言わなくてはならないのは、次のような実例もあって、そこでは、もっぱら英語の構文分析力の不足が誤訳の原因であるように思われるからだ。

□挟み打ち戦法による誤訳発見

　　　　I ran over the minute I caught it on the radio.

これは犯罪現場に駆けつけたパトロール警官が、現場の上司に言う台詞である。それだけの文脈が解れば、この短文を解読できるはず。まずは、A君の解答を覗いてみよう。

　　　　無線で事件の発生を知るとすぐに調書を調べてみた。(X)

なるほど、run over ～ には「～に目を通す」という意味もある。そしてその線で押してゆくと、minuteは「メモ」とか「控え」あるいは「議事録」という意味が辞書に出ている。それを見たA君は機転を利かせたつもりで「調書」とそれを勝手に解釈したわけだが、容疑者も解っていない事件発生時に調書で何を調べられるというのか。この解釈は常識に反してい

る。つまり、辞書に出ている訳語の解釈と、一般常識にもとるという二つの線で間違っているわけだ。

　A君の解釈が間違いだと解るのは、その二点からだけでなく、実はもう一点、間違いを証明する事実がある。the minute を「調書」と採ると、文章の後半分である I caught it on the radio. の部分が完全に浮いてしまうのだ。前半分と繋げる道が絶たれて、孤立したこの部分はどうにも処理できなくなる。その問題を解決する方法はただ一つ、先行する the minute を接続句と解することである。

　論より証拠、minute を辞書で引いてみると、「接続詞的用法」として「〜するや否や」という意味で使われることが出ている。あとは代名詞 it を「事件発生の通報」と採り、ran over を「駆けつけた」と解すれば、一件落着である。

　　　　　事件発生を知らせる無線を傍受したので、ここに急行した次第です。

　結局、A君は、the minute を名詞「調書」と接続句（as soon as と同義）という二つの語句として同時に扱ってしまうというミスを犯していながら、それに気づかなかったか、あるいは同一の文中で同一の語句を二通りに使うことは明白な文法違反であることを知らなかったのだ。前者だとすれば「不注意」ミスであり、後者だと「無知」ミスだということになる。これで「不注意」ミスと、そうではないもう一つのミスとの区別がはっきりしたことにもなる。

　この例からも解るとおり、誤訳を防ぐ最良の方法は、まずは、書いたばかりの訳文が常識と文脈を裏切っていないかどうかを常に確認しながら訳を進めることである。

　上の文脈では、第一に「調書」が出てくる理由はまったくないことにA君は気づくべきだったのであり、第二に run over という句動詞には「〜に目を

通す」以外の意味もありうることを念頭に置いていればよかったのだ。

《結論》：次の場合には必ずどこかで誤訳をしたと思ってよい。

（1）話の筋道が通っていない場合。
（2）英文法に違反する解釈をした場合。

いずれにしても、ごく当たり前のことなのだが、読み返していて（1）に気づいたなら、すぐ（2）の点について訳文を調べてみる必要がある。

そして文法上では何の間違いもないことが確認できたら、次はもっと初歩的な語句の解釈や、語法の把握といった点で思い違いをしているところはないかどうかを調べてみて、そういう個所があったら、すでに辞書で引いたことのある語句でも、引き直してみると、自分の知っていなかった別の意味や用法もあることが解ったりして、意外に早く問題が解決することもある。

要するに、文法つまり構文分析で攻めてみて行き詰ったら、文脈を基に文意を推し量り、それでも壁にぶつかつたら、再び文法に戻るという過程を繰り返す。そうしているうちに原文の姿が「見えてくる」ことになれば、しめたものだ。この両面作戦を私は「挟み打ち戦法」と呼んでいる。

それに失敗したら、新規まき直しで出発点から始め直す以外に道はない。これまでの迷路めぐりのことは全部忘れて、一語一語、丹念に語義を調べる基本からやり直すのが結局は早道になる。これは「中間訳と和文和訳」の項で説明することと実質的に同じなので、詳しくは同項を参照されたい。

□「怪我の功名」名訳と無知をごまかす珍訳

次に、原訳対照させてみないと誤訳だとは解らない場合を紹介しておく。おそらく、この手の誤訳こそ最も頻繁に起こる誤訳であり、訳文だけからでは探知できぬ以上、原文を知らない読者には何の迷惑も及ぼさない

場合もあるので、特に指摘する必要はないとも言えるが、間違いはないに越したことに変りはないので、言及しておく。

　もちろん、この種の、原文とのずれが訳者の不注意で起こった場合でも、大筋には影響がないために、原文の細部にこだわらなかったゆえに原文よりも優れた文章効果をあげることができたと判定され、いわば怪我の功名で名訳扱いされることもあるくらいなので、まして訳者が間違いを承知で意識的に行った一種のパラフレーズであれば、褒められこそすれ、貶される理由はないわけだ。

　ところが、次に引用する誤訳は幾つかの理由で原文より劣っているので、杜撰な訳し方の代表として挙げておく。

　　　"You used to be her director, didn't you?" she said. "I hope I can get into her trial. It's going to be a circus."
　　　Gautier found himself gripping the sides of his seat…
　　（「彼女の監督をずいぶんやられてましたよね」女子学生が訊いた。「傍聴できると思うけどね。どうせ裁判は茶番だろう」
　　　ゴーチエはそう答えて質問をはぐらかしたが、肘掛けに置いた両手に思わず力が入った）。

　上の訳をした人は、よほど英文に慣れていないと見え、she said. の部分で「彼女」すなわち同じ機内で隣り合わせた女子学生の質問が終わっているものと思いこみ、"I hope…"以下をゴーチエの台詞と解し、「傍聴できると思うけどね…..」と男言葉で訳して収拾がつかなくなったので、原文にはない「そう答えて質問をはぐらかしたが」をでっちあげて、お茶を濁したわけなのだが、鋭敏な読者は、女子学生の質問にたいするゴーチエの返答として訳されている「傍聴できると思うけどね」が一体どう女子学生の「質問」と結びつくのか、その関係がまるきり解らない――つまり何の関係も存在していない――ことを見ぬいたはずだ。

　原文理解の不備にたいするただの辻褄合わせのために、それを「はぐ

らかす」とはまた手の込んだ「補充訳」をしたものだが、上の訳文全体について言えるのは、この訳者には上の2人の「会話」、実は女子学生の一人ぜりふのおかしさ、間の悪さがほとんど見えていないということであり、おまけに「面白い見もの」くらいの意味で使われている circus を大げさに「茶番」と訳しているのも、この小説の後半に出てくる「彼女」の裁判の本当の性格と一致していない大向こうだけを狙った過剰表現なのである。

とにかく、上の一節は、「〜と誰それは言った」のあとにも、その「誰それ」の台詞が続くことが英文では多いという初歩的な文法知識を欠いていたための誤訳と考えられるのだが、もしそうではないとしたら、何か魔がさして、一人せりふを二者間の会話と思いこんでしまった不注意ミスの典型だということになる。

(ついでにだが、say 以外の動詞（agree、feel、think など）が使われている場合、say という動詞がついていなくても、例えば、He agreed to go with me. を「一緒に行くことに同意した」と訳すだけでなく、＜「俺も一緒に行くよ」と彼は言った。＞のように、原文にあたかも say が使われているかのように訳さないと、充分に意を通じさせることができない場合がある。He wanted to know why. ならば「彼はその理由を知りたいと言った」と補充する必要がありうるわけだ)。

□ 「読み」が誤訳を防ぐ

とにかく、誤訳は思い込みで起こる。人間である以上は、思い込みを完全に避けることはできない。ゆえに誤訳もこの世に絶えないのだ。例えば、次の文中の incontinence はどう訳せばよいか。

> Mrs Walker with her constant moans about how her daughter and grandchildren never came to visit. Mr Kitson with his incontinence and unwillingness to do anything about it.

（ウォーカーさんは娘や孫たちがちっとも泊まりに来てくれないとぼやいてばかり。キトスンさんは何をやるにも自分を抑えられず不承不承といったところ）。

　上の（　）内の訳はＸ君によるものだが、キトソンさん云々の個所は支離滅裂で、「自制できないで鬱憤晴らしをした」なら筋が通るが、「抑制できずに不承不承」では辻褄が合わない。しかし、「鬱憤晴らし」のほうを選んでも、間違いは間違いで、incontinence は「不摂生」または「失禁」が正解なのだ。が、訳文として、「不摂生または失禁」と書くわけにはいかない。この場合はどちらかを選ばなくては翻訳にならないのだ。

　では、どうやってどちらを選べばよいのか。この答えも文脈にある。つまり and unwillingness to do anything about it の解釈次第によるのだ。この句末の it を X 君は訳していないが、それでは困るのであり、it は incontinence を受けているのである。

　そうと解れば話は簡単、「それ」について何の手も打とうとしないキトスンさんという以上は、「不摂生」についてよりも、「自分の失禁」にたいして何の対策も講じていない、と解するほうが自然であることは明らかなので、この incontinence は「失禁」が正解だ、ということになる。あくまでも筋を通そうとする「読み」の深さ、そして一貫性が誤訳を防ぐのだ。

　さて、上の文章は、ある介護師の感想で、彼女は、キトスンさんにくらべて、ある老人のほうがずっとましだとつくづく思う。

　　　It was a relief to meet an old person who seemed to be coping.

　この英文中の要の単語は文末の coping であり、その訳し方はこれまでの経緯を踏まえれば、すぐに解る。cope の意味は「困難なことに巧みに対処する」という意味であることを辞書などで知っていれば、上の一行をＸ君のようにこう訳すことは不可能なのだ。

　　　対等の立場で話のできるような老人に会えるのは救いと言えた。

第13章　誤訳の発見と予防

　なぜX君はこんな誤訳をしてしまったのか。辞書によっては、「(対等の立場で、または有利に) 対抗する」といった訳をcopeに充てているものもあるので、そこで、「対等」という訳語に引きずられて、「対処する」という意味を見のがしてしまったのだろう。それに、「～のように見える」とか「～らしい」という意味のseemを「(～できる) ような、そういう」という意味だと勘違いしているのは、初歩的な、しかし根本的な思い違いだ。とにかく、正解は次のとおり。

　　　人の手を煩わさずにやっていけるらしい老人に会えるのは、救いだった。

　もはや言うまでもなく、問題のcopingは「自分で自分の始末をつけられる」といった意味なのであり、X君にしても、変な思い込みをせずに、「失禁」「垂れ流しのままの老人」「自分で始末がつけられる老人」といった理詰な順序で文の展開を追っていたら、上のような、本筋からの逸脱は避けられたろう。誤訳は偶然に起こるのではない。必ず理由があるのだ。

　念のために、もうひとつ、X君の誤訳を修正しよう。今度は今までよりも微妙な問題だ。

　　　Just saw the coffin. Closed coffin. Could have been anyone. Didn't feel nothing, really.

　ある老人が姉の埋葬式に出席した時のことを思い出して言う台詞。老人なので、息を節約したいせいか、全文が主語ぬきである。第一センテンスと第四センテンスからは <I> が、第二と第三センテンスからは、<It> がそれぞれ省かれているが、このように省かれている単語を訳者は自分で見つけて、補充しなくてはならない。

　　　棺桶を見ただけだ。蓋をした棺桶をね。誰かには違いなかろうさ。何も感じなかったね、本当のところ。

　上もX君の訳であるが、(It) could have been anyone.（誰であってもお

154　第二部　英和翻訳特論

かしくなかった）を「誰かには違いなかろうさ」と訳したのは、ほんのちょっとした違いだが、文脈にそぐわない。この老人が言おうとしているのは、棺に蓋がしてあったので、入っているのが姉の死体でなかったとしても、わしには解らなかったろうな、ということなので、「誰かには違いなかろうさ」という表現のもつ皮肉な疑いの調子はこの文脈にはそぐわないのだ。とにかく、全文を修正訳してみよう。

　　　棺桶を見ただけだよ。それも、蓋のしてある棺でね。入っているのが姉じゃなくても解らなかったろうな。何かを感じるどころじゃなかったよ、正直な話。

X君訳よりだいぶ長い文章になってしまったのは、途切れ途切れの四つのセンテンスを何とかまとめて、「読める」（readableな）文にするために、補充訳などの工夫を施したためだ。特に「何も感じなかったね」を「何かを感じるどころじゃなかったよ」と変えた理由は、少し複雑だが、説明は不要だろう。

さて、介護士が老人にお悔やみを言うと、老人はこう応える。

　　　Oh, don't think about it. I don't. And don't you worry about me going the same way.
　　　（おお、そのことは考えなさんな。わしはしないよ。そして、同じような考え方をしてわしを煩わせないで貰いたいものだね）

上の（　）内の訳はX君によるものだが、このままでは支離滅裂だ。ここには書かなかった細かな文脈に則して訂正しておこう。

　　　いやいや、それには及ばんよ。わし自身、そんなことは考えてないんだ。それに、わしまであんなふうに行っちまうんじゃないかって心配するのはやめてくれ。

いつも、原文とくらべての訳文の長さについて考えると、もっと訳文を切り詰められないものかと、もどかしい思いに駆られるのだが、日英語間

第二部　英和翻訳特論　155

における「語」というものの在り方の違いは如何ともしがたく、比較的に長くならざるを得ない和文の本来的な性格に従うよりほかないのだ。

　また、文と文とのあいだにどんな大きな飛躍があるように見える原文でも、素人が書いたものならいざ知らず、一人前の作家の作品ならば、文から文へと筋道をつけることのできる書き方をするのが当然なのだから、訳文でもそれを反映して、一寸したたどたどしさの中にでも、荒削りでもよいから、一本、太い連脈の糸を通してこそ、文芸作品の翻訳だと言えるのではないか。先に挙げた、省略語の多い二つの段落から、そんなことを考えさせられる。

□ 英語の「癖」に慣れろ

　次は、いかにも英語的な語法を捉えそこねたことが原因で起きた支離滅裂な誤訳の典型例をあげておく。

> He sent off for brochures from all the companies that advertised in his Do-It-Yourself magazines and subjected them to the same punctilious scrutiny.
> （自分の日曜大工雑誌で広告しているすべての会社からパンフレットを送ってくれるよう、自分と同じようにしっかりと調べて返事するよう依頼した）。

　上の英文で日本人に誤解されやすい部分は全部で三つある。send off for ～（～を取り寄せる）、advertise in ～（～に広告を出している）、subject ～ to ≈（～を≈の対象とさせる）。この三点に注意しながら、上の欠陥訳を正してみよう。subject ～はこの例文中では「パンフレットを精読の対象にする」と直訳してから、下のように和文和訳すればよい。

> 購読している日曜大工雑誌に広告を出している会社全部からパンフレットをとり寄せて、一冊のこらず同じ几帳面さで精読した。

上の正解とくらべると、10行ほど前の誤訳がどんなに見当はずれのものであったかが解る。いったい、訳者はどういうつもりであの訳文を綴ったのだろうか。前に誤訳には「不注意」と「無知」の場合があると書いたが、もう一つ、自分には原文解読ができないということに目をつむって「ごまかし」の訳文を綴る場合もありうるのだ、ということがこれで解った。(私自身、そうした"前科"があることは前に記した)。

　他の二つの場合とは違って、これは間違えであるのを承知で犯す間違いなのだから、あってはならないことだ。それをするくらいなら、何も書かずに空白にしておくか、原文とは関係なしに自分で訳文を創作して、一応、筋を通しておくほうがずっとましである。

　どうしても解読できない原文に出くわしたなら、今では原作者に問い合わせて解明してもらうことも簡単にできる場合が多い。が、例えば、出版社の人を介して問い合わせたのでは、問題が微妙な場合、こちらの質問の要点が相手に通じないことが少なくない。問い合わせの文面を自分で書くことができるようにするためにも、前述した通り、英作文の素養が必要なのだ。

　だが、原作者が物故している場合にはどうすればよいか。いわゆる native informants（英語情報を教えてくれる英米人など）に質問してみることだが、微妙な問題については、複数の情報提供者にあたってみることをお奨めする。いくら「英語人」だからと言って、難しい英文を長い文脈ぬきでいきなり解読してくれと言われて、必ず正解を出せる人ばかりだとは限らないからだ。

　さて、日曜大工についての英文へ話を戻して、再度、誤訳の発見と訂正を試みるとしよう。今度は、ただ一語の英単語が解読の鍵を握っている場合である。

　　　By then he had ruled out quite a few of the systems on the market.
　　　（それまでには、この市場の機構について幾つかのつぼを押えた）。

第13章　誤訳の発見と予防

「日曜大工用の工具市場の機構について、その勘所を幾つか把握した」とパラフレイズしてみても、これまでの「彼」の行動とかみ合うところは一箇所も出てこない。では、どう解読したらよいのか。先ずこの問題文の要語である rule out と systems を徹底解明してみると、前者は「消去する」を意味する句動詞、後者は「工作のシステム」すなわち「工法」と「工具」であることが明らかになる。

どうすれば、それが明らかになるのか、とつめよられても、じっくり原文と辞書を何度でも納得がゆくまで見比べながら、文脈全体に自分の心をしっかりと縛らせて、その範囲内で最も妥当な解釈は何であるのかを徹底究明するしか方法はない——と書いただけでは抽象的すぎるので、何とか具体的な説明を試みよう。

問題の中心は、rule out はさておくとして、systems という多義語にある。「体系」「制」「系」、「方式」「規則」「統一性」、そして最後に「全体が組織化された機械装置」「五体」といったところが systems の意味であって、そこまで調べれば、問題の英文中の systems が最後から二番目の「機械装置」と少なくとも関係があるようだとうすうす見当がつく。

機械は何かを作るためにあるのだが、機械を動かすには、それなりの手順がある。すなわち「工法」というやつだ。英語では、機械そのものと、それを使ってする「工事」とを同じ一語で表現することがある。言い換えれば、具象物と、それと関連した方法や手順などの抽象体とを一語で表現している単語もあるということで、その好例が system という語なのである。このように理詰めに理解するまでもなく、英語人はこのことを肌で感じ取っているのだろう。

私たちも、system という英語との付き合いが長くなると、必ずしも辞書と首っ引きにならずとも、この「工法」という抽象的な概念と、「機械装置」という具象物の観念がこの英語の中に共存していることを実感できるようになり、あの問題文中の the systems on the market とは「市場に出

回っている工具と工法」のことなのだと合点が行くのである。

　　　そのころにはすでに、市場に出回っている多くの工具セットから（不適当なものを）かなり消去していた。

　要するに、買う必要のある（工法の便覧つき）工具セットの種類を少数にしぼっていた、というきわめて即物的な話だったのである。

　以上の誤訳例はどれも些細といえば些細な点に関するものだった。しかし、物語自体が人生の些細な面をめぐって展開することが多い以上、それが些細だからと言って、無視したり、いい加減に訳したりするわけには行かないのだが、些事ばかりでは張り合いがないので、誤訳についてのこの項の最後は、ある作品の重要な山場で見られた微妙な誤訳を紹介して締め括るとしよう。

　　　Freedom! He was his own master at last. From old habit, unconsciously he thanked God that he no longer believed in Him.
　　　（自由！ やっと自主独立の人間になれたのだ。旧い習慣のせいか、もはや信じない神にたいして、思わず感謝をささげていた）。

　ある長編小説中のクライマックスである上の訳文のどこが間違っているかは、読者に判断を委ねるので、敢えて指摘しないが、ヒントは、同じ意味の固有名詞が原文には二度出てくるのに、上の誤訳文ではそれが一度だけだ、ということである。（解答は巻末に記してある）。

□ 誤訳と悪訳

　語学的には正訳でありながら、和文としては拙劣な悪訳でしかないという例は、私の見たかぎりではほとんどないのに、たいがいの悪訳はそもそも誤訳を犯している。

　しかし、その逆は真ならずで、誤訳がいくら多くとも、立派な和文に

第13章　誤訳の発見と予防

なっていて、それなりに──と言うのは翻訳としてよりも、翻案ないしは創作として──価値のある文章を成している作品もある。

それはそれでいいのだが、翻訳と銘打った以上は、正訳でもあり、名訳でもある、というのが理想的な訳文なのだ、というのが私の立場であることは、「はじめに」などに書いたとおりである。

もちろん、誤訳を恐れてばかりいたのでは、翻訳は一行もできない。ましてや、見たところ、原文とは似ても似つかぬといってよいほど表現法に差のある大胆な意訳文を綴ることなぞ思いもよらない。誤訳をしないようにとびくびくしながらではなく、ひたすらに正しくて効果的な訳文を綴ろうと邁進すること、それが結局は誤訳封じにもなるのだ。

誤訳を恐れるあまり、神経過敏になりすぎて、例えば「先生の言葉の爆弾から身を守る防弾チョッキを着用に及び」とでもすれば解りやすくて、それなりに滑稽味も出る表現の代わりに「護身用・対がみがみ装置始動！」という判じ物のような"独創的"直訳文を綴ってしまったりしたのでは、あまり上首尾とは言えない。

本書にも他のところで書いたことだが、誰のために訳すのかということを忘れてしまって、独り善がりの一人合点で訳文ならぬ自文を綴るのは特に初心者にありがちなことで、私自身、vastationという16世紀の英語を自分勝手にvisitationと結びつけて「乱訪」と試訳ではなく私訳した覚えがある。それでも自分では結構よい訳だと思っていたのだから世話はない。人間というものは大体が、何とか難文や難語を解読できたという喜びで有頂天になる。その心で見れば、どんな駄句でも名句に見えかねないのだ。

平衡のとれた文章というものは、なかなか書けない。多くの人がすらすら読める文章でありながら、独創的な味もあるというような文を自在に紡ぎ出せたなら、創作だろうと、翻訳だろうと、成功、間違いなしだろう。ところが、私信や日記にはのびのびとした自然さと技巧を凝らした工夫とに溢れているような文章を書ける人でも、いざ、仕事となると、文章筋が

硬直して、思うにまかせないことがあるものだが、文章修業のほかに語学力の鍛錬も積まなくてはならぬ翻訳の場合には、自分が今、行き悩んでいるのは、日本語の適切な表現が見つからないためなのか、それとも、英語の難文が解読できないからなのか、見きわめなくてはならないことが多いので、余計な神経を使わなくてはならない。

　それだけならまだしも、次の例のように、原文解読の要素と、日本語による再表現という要素とが同時に絡み合っていて、一種の難文となっている場合もあるのだから、本当に気が許せない。

　　　It is springtime and there's trouble in Kashmir, which means eternal rivals India and Pakistan are at it again. Indian Premier talked tough, claiming the time had come for "a decisive battle," but later backed off. How far will be too far?

　　　春の到来にカシミールでは紛争が生じている。不倶戴天の敵であるインドとパキスタンの仲がまたまたおかしくなっているのだ。インドの首相は強硬論を吐いて、「決戦」の時、到ると大見得を切ったものの、のちに態度をひるがえした。一体、どこまで行けば、行き過ぎだと悟れるのか。

　もちろん、問題なのは、最後の How far will be too far? である。これは、何のことを言っている文章なのか、すぐに何となく解るような気がする。ところが、いざ訳そうとしてみると、how far =「どのくらい遠い」と too far =「遠すぎる」とは日本語でどう結びつければよいのか、なかなか名案がうかばない。無理もない。これは距離のことを言っている文章だと思いこんでしまっているからだ——実は程度のことを言っているのに。

　そうと解れば、あとは簡単、「どこまでやれば、やりすぎになるのか」などと直訳できる。要するに、「限度はどこにあるのか」「どの線を越えれば、埒外（らちがい）になるのか」といったところで、暗に「行過ぎ」をいましめているわけだ。

この原文の場合には、まさに解読の段階で正しい訳語である「どこまで（行けば）」と「行き過ぎ」という二句を思いつかないと、いつまでたっても原語のfarにふりまわされて、それこそ埒が明かないことになる。例えば、How much is too much? ときたら、「いくら（の値段）」と「高すぎる」という二句が思いうかばないとまったく見当違いになってしまうのと同じで、こういう原文にたいしては、特に柔軟な思考力を発揮する必要がある。

　先に、問題のfarという形容詞は、この場合、程度を表す働きをしていると書いたが、大きな英和辞典を引けば、farは「空間または距離」と「時間」と「程度」の三つを表す旨が訳語の前に説明されているので、上のような難文の場合には、いきなり訳語を探さないで、こういう説明だけを頼りに、全体の文脈にうまくあてはまる訳語を自分で考え出すほうが、手っ取り早いこともある。（第21章「英語学習の盲点」の「前置詞」の項、参照）

　なお、米国の新聞雑誌では、常に斬新な表現を用いて読者の興味を惹こうと工夫を凝らしているので、それを訳す側としても、日頃から日英両語の語感を研ぎ澄ませて、どのような新機軸にも対応できるようにしておくことが望ましい。例えば、the bad boys の最上級を表すのに、the worst を使わないで、the baddest（of the bad boys）と「新語」を用いることで、読者に衝撃を与えたり、best-selling の代わりに top-selling と書いて曖昧な「最上級」を避け、文字どおり一つしかない「最高位」（の売上を誇る）商品を表すなど、工夫を絶やさない。それが英米、特に米国の journalese（ジャーナリズム文体）の一特徴なのだ。（ある英和辞典は top seller とは言わないと注意しているが、つい最近ハイフンつきの top-selling を英字誌で見かけた。top-selling と言える以上は top-seller も許容されるはずだ）。

□ 難文さまざま

　まず、三語だけの短文を訳してみよう。文脈は敢えて提示しないでおく。

　　　Blast that phone!

これはイギリス英語であることを初めに断っておく必要があろう。Blastという動詞が俗語として、やや特殊な意味で使われているからだ。そう言えば、phone も正確には「電話機」よりはむしろ「電話が鳴っていること」という意味だ。これだけの予備知識でうまく訳せれば、かなりの機転が利く訳者だと保証できそうだが、ある訳者は、感嘆符つきの命令形という文形を無視して「ああ、電話が鳴っているな」と訳していた。「いまいましい、あの電話め！」が正解なのに。

　　She has a machine that does it in a quarter the time it would take me.

　　私がやる四分の一の時間でこなしてしまう洗濯機が彼女のところにはある。

　上の原文（と正訳文）をこう訳表現した人もいる。

　　彼女は電気洗濯機を持っていたから、15分待っていれば、私の洗い物など全部できてしまった。

　次の問題文では、句読点に注意。（　）の中は某氏の訳——だが、間違っている。

　　What I see doesn't press on me, like an annoying stranger on a train；it keeps its distance, respectful, discreet.
　　（窓の外を眺めても、目につくものすべてに、どこかへだたりがある。ちょうど汽車の中で、なかなか打ちとけないのに、礼儀だけはわきまえている他人同士みたいだ）。

　　私の目に見えるものが［なぜか］列車内で向き合ったうるさい他人のように私に迫ってこないで、私を尊重し、自重して距離を保ってくれている。

　難文はそれくらいにして、次は句や節や短文の微妙な表現を訳して頂こう。挙げた訳はやはり誤訳である。（正訳は巻末の「解答」を参照されたい）。

第13章　誤訳の発見と予防

- on the plump side　　　豊満な肢体

- overcharged loins　　　突き出た腰

- More of this later.　　　このことは、のちほど、もっとよくわかった。

- He gives a lot to charity — with one eye on the peerage.
  彼は思いがけない時に慈善を施したりする——貴族趣味を気取る男だそうだ。

- to keep things hushed up
  行為の償いのために

- what it would be like to commit a murder
  殺人に似た様相

- It suits the god, or destiny, to have us insufficient.
  それは神性とか宿命とか言われているもので、われわれの手枷になっている。

- There is more at stake in Kashmir than Kashmir.
  カシミールにはカシミールよりも多くの危険がある。

- It was about the greatest feeling I had ever experienced.
  それは私がそれまでに経験した最大の感じについてだった。

第14章　問題点さまざま

その1　中断文の訳し方

　中断文とは、書き出しておきながら、中途で途切れて完結しない文のこと。それをどう処理すればよいかを説明するのが本項の課題である。

　例えば I am afraid…という中断文をどう訳せばよいかは、本書の「頭から訳す技法」の内容を記憶している読者には、今さら説明の必要はあるまい。「あいにくですが…」とか「せっかくですが…」とか「残念ですけど…」などと、「…」以後の隠された部分が相手にとって芳しくない事柄であることをあらかじめ仄めかすような表現を記せばよいのだ。

　また、Then we go in back. Lock ourselves in the storage pantry…のような中断文ならば、そのまま「それじゃ、奥へ行きましょう。食品貯蔵室に入って鍵をかけ…」と、思わせぶりたっぷりに言うか、その後に起こることへの期待で読者を文字どおりはらはらどきどきさせるような中断のまま、文を切ってしまうだけで、原文と同じ効果をあげることができるわけだ。

　が、次のような場合だったら、そう簡単にはいかない。

　　　　I have no idea what will happen after we…

　上の英文が happen のところで途切れていたら、「何が起こるか見当もつかないんだが…」と訳しても一向に差し支えないのだが、上のように after we…となっていると、厄介で、「さっぱり解らんよ、ぼくらが……すると、どうなるのか」では、空白部分が文中にぽっかり空いているという無様（ぶざま）なことになってしまう。それではまるで伏字を読まされているようなものだ。

　では、どうすればよいのか。もしも文脈から「私たち」が何をすること

第14章　問題点さまざま

になっているのかが推測できるならば、そしてその何かが「同棲すること」であれば、「どうなるか解らないな、同棲してもいいけど…」などと補充訳することができる。

　あいにく「私たちのすること」が何であるか、推定できない場合には、「見当もつかないよ、どうなるのか——もしぼくたちが…」とでもするより道はないが、それでも「ぼくたちが」のあとにくる略された言葉がこの文章の一部であるべき条件節で、全文を書けば、「ぼくたちが何かをしたら、そのあとどうなるか、わからん」というような意味になる、ということはどうにか読者に通じるはずだ。

　ところで、ある推理小説の結末は、次のとおりなのだが、そこには中断を示すダッシュが使われていた。

> "You start tomorrow morning, at the point where you left off. Craters, I believe, and the effects of —"
> "Blast,"said Cribb, with feeling.

　第一の台詞は、クリッブの上司が言ったもので、クリッブは重大事件で大手柄を立てたばかりなのに、事件前にやっていた爆発物取り扱いの研修にすぐ戻れと、つれなく上司が命令しているところで、クレーターと、もう一つ何かの効果についての研修だったなと駄目押しをしているわけである。その上司の言葉から、先ず訳しておく。

> 「いいか、クリッブ、明朝から始めてくれ。中断したところから始めるんだ。たしか、爆発で出来るクレーターの分析からだよな。それと、もう一つ科目があったな。ええと、何の効果測定だったっけ？」

　だいぶ長くなってしまったのは、意訳やら補充訳やらで文意をはっきりさせるためと、何よりも文末の <—> をどうにか始末するためのやむを得ない代償なのだ。訳文はなるべく短いに越したことはないのだが、読解しやすい訳文を綴れ、という最優先条件を満すことが先決なのである。

さて、上司のこの意地悪な命令にたいしてクリップは何と答えたか。皮肉な洒落でこう応じたのだ。

　「癇癪玉のですよ」とクリップは思い入れたっぷりに言った。

その2　視点の問題

　現代の小説では、誰が物語を語っているのかということが小説作法の重要な問題点になっている。「私」など、登場人物の一人が語り手になって、その立場（視点）から他の人物たちの言動を観察し、物語るか、あるいは、作者がいわば全視全能の神のような立場で全登場人物の心の中を透視しながら、自由に作品の中を動き回って物語を推進させるか、大別してその二つの視点があるが、そのうち第二の視点は、現代の純文学ではほとんどご法度になっていて、例えば漱石の小説で全人物の心のうちを見通す語り手は『吾が輩は猫である』の猫くらいのものである。さらには、以上二つの視点を作品の中で交互に使う混合視点による第三の物語り方もある。

　以上のことを念頭に置いて、次の訳文を物語の冒頭に記されたものと仮定して読んでみよう。

　　　今日の試験はチンプンカンプン国語からだった。単語を綴るだけではなく、意味も答えなければならない。モリーにもロッキーにもさっぱりわからず、あてずっぽうで答えを書かなくてはならなかった。

　この訳文では、第三センテンスまで行かないと人物主語が出てこないこともあって、何となく安定感がなく、すらすら読むにはいささか引っかかるところがあるように感じられる。その第一の理由は、この物語の視点が定まっていると感じられるように作文されてはいないからで、先ず第一センテンスでは、特に「今日の」という形容のせいで、これは語り手自身による日記体の物語ではないか、と思ってしまう。

　さらに、その語り手は、まだ文中には現れていない誰かなのだろうと

第14章　問題点さまざま

思っているうちに、モリーとロッキーの二人が対等で出て来て、印象が錯雑としてしまう。過去形の文で始まっていながら、すぐに現在形に変換されているのも、この印象を助長する。過去時制の英文を現在「時制」の和文に直すにも、文脈との関係をよく考えないと却って読みづらくなる。要するに、先の訳文では文章の「腰」がよく定まっていないわけで、それは視点の不安定ということに還元されそうだ。

　この物語の視点は実はモリーなのであるが、それならばそれらしく文頭からもっと安定した文を綴ることもできるのだ。例えば、大幅に意訳して次のように——

　　　試験に出たのは、チンプンカンプン語の単語の綴りと意味を書く問題だった。それはモリーにもロッキーにも手に余る難問だったので、二人は四苦八苦してあてずっぽうで答えを書いた。

　順序が逆になったが、参考のため原文を挙げておく。読者はどう訳されるだろうか。

　　　It was a test from the land of Gobbledygook. Not only did the class have to spell but they also had to give their meanings. Molly and Rocky blundered through it, guessing the answers.

　ある長編を訳した時のことだが、Xが主人公で語り手でもあったので、当然Xの視点から語られていると思って訳しているうちに、「明日はきっと運が向いてくるだろうとYは思った」というくだりに出くわし、この作者は現代的な小説作法を知らないな、と苦笑しながら「明日はきっと運が向いてくるだろうとYは思っていたらしい」と訂正したこともある。

　引用符を使わないで、地の文章で直接話法的に感慨などを述べる描出話法の使用は、視点の問題にとって厄介なものとなりうる。先ほどの文例で言えば、「単語を綴るだけではなく、意味も答えなくてはならない」という現在形の訳文は、原文とは違って、人物の内心のぼやきそのものだとも

言えるので、描出話法とみなすこともできる。

　だが、描出話法とは言っても、どの人物の内心の思いを表しているのかが読者に解るように書かれ、訳されていなければならない。いま挙げたばかりの「単語を綴るだけではなく、意味も答えなくてはならない」という文が不安定な感じを与えるのも、たとえそれが描出話法であっても、誰のぼやきなのか、次を読まなければ判然としないからではあるまいか。

　日本語では、現在形が過去形の文中でも何のことわりもなく自由に使えたり、主語を省略したりするので、描出話法という語法はとりたてて意識する必要がないのだとさえ言えるのかもしれない。そもそも日本語では、時制や話法そのものが厳密に文法規定されていないことは短所であると同時に長所でもあることを忘れたくないものだ。

その3　文体小論

　「文は人なり」とよく言うが、この箴言の意味は、「文体は著者の人柄そのものである」ということで、つきつめれば、文体とは各人各様のものであるから、ものを書く人の数だけ、さまざまな文体がある、ということになる。これが狭い意味での文体の定義である。

　英語から日本語への翻訳という変化をくぐりぬけて原作者の個人的な文体を的確に訳文に反映させることは無理だが、大雑把にならそれができる。センテンスが短いとか、俗語や卑語を多用しているとか、抽象名詞の使用を避けているといった特徴なら、特に意識せずとも訳文でも簡単に読者に伝えられる。

　ただ、そういう目立った特徴でも、英文と和文とでは現れ方が微妙に異なるので、こうした特徴を原文のうちに認めたら、それを多少誇張したかたちで訳表現すると、それだけ作者の文体を強く読者に印象づけられることになる。

第14章　問題点さまざま

　もうひとつ気をつけるべきは、同じ原作者でも作品によって文体をがらりと変えることがあるということで、そうなると、上記のような特徴までもが、作者自身の文体であるとは言えなくなり、Xという作家は作品ごとに文体を変えるのがXの文体と言えるのか、それとも、それぞれに異なる個々の作品の文体を超えてXならではの独自の共通点が必ずあるはずだから、その共通点をXの文体と呼んで、それを訳文ににじみ出させるべきではないのか、という問題が生じてしまう。

　その見えにくい共通点を作者の英語作品全部から見きわめることはできても、それをたえず訳文で効果的に打ち出すことは至難の業であり、結局は、作者個人の文体というよりは、個々の作品の文体だけしか「訳す」ことができない、ということになる。

　そういうわけで、作者個人の文体よりも、一つ一つの作品の作風あるいは調子（tone）を問題にするほうが実際的であり、さらには、同一作品でも、センテンスや段落ごとに変わることが多い調子を捉えてそれを訳表現するのが意識的な作業としては精一杯だということになる。

　まずは、作品全体の調子という意味での文体を翻訳ではどう扱うかという点だが、原作の質によっては、大なり小なり冒険的な試みができる。例えば、小泉八雲ことラフカディオ・ハーンが英文で書いた短編小説に、「わたし」＝作者自身が結末近くで顔を出すきりで、あとは普通の客観描写で書かれたものがある。この作品は、原文では、最後にならなければ語り手が八雲自身であることが読者には解らないので、ある訳者は「八雲の妻だった節子が語っているかのような」奥ゆかしい口語文で全編を訳す文体実験をすることができた。

　その冒頭は次の文で始まる。「おとよの主人は、おとよのまたいとこにあたるひとですが、好きあう仲となって婿入りしたのでございました」。代名詞を一切使わず、「ございます」調で文を締めくくるこの古めかしい女言葉は、全篇を通じてほぼ一貫している。

原文のほうは、八雲自身が書いていながら、「わたし」という代名詞が地の文で使われているのは後日譚的な結末の部分だけなので、原文の読者はほとんど最後まで作者が陰の語り手として、おとよの半生を作品の外から客観的に描いているとしか思わない。

そういう原文だったればこそ、訳者は、おとよよりずっと年下の品のよい女性がおとよの半生を物語っているかのような和文に訳せたわけだが、もしそうすることを思いつかなかったら、たとえば「みんな、よい子でございました。けれども、うやうやしくしていたかというと、そうでもございません。お行儀よくするのよりも、もっとだいじなことをよく存じておりました」（X）と訳した原文を、たぶん次のように「普通に」訳していたろう。

> みんな、よい子だったが、敬意をもっておとよに接していたわけではなかった。うやまうような態度をとるほど単純な子供たちではなかったのだ。（訳文Y）

上の訳文（Y）は実際の訳文（X）をその誤訳も正して「普通」の訳文に直したものなのだが、訳文（X）とくらべて、どちらがより効果的な翻訳文体だと言えるだろうか。その答えは人によってまちまちだろうが、私の翻訳文章観から言えば、第二の訳文のほうが一糸乱れず整っているのにたいして、Xは和文として通りがよいので口ずさみやすいことは確かだが、あまり締まりのない、密度の薄い文章だということになる。なぜならば、原文は次の通りだからである。

> Good they were, but not quite respectful in the reverential sense. They knew better than to be that.

以上に述べたことは現代文章術の問題として重要な点であり、いくら一昔前の日本婦人を主人公にして書かれた文章だとはいえ、作者は英国人を父とするギリシャ生まれの西洋人で、日本に帰化して日本女性を妻としていたにしても、日本語でものを書くことはしなかった男である以上、終

生、英語人でありつづけたからには、その文章感覚はやはり明晰な論理と厳密な文法によって裏打ちされた西洋的な美感を生命としているのである。それを音数律だけが快いXのような和文体に訳すのは、実験としては価値があるかもしれないが、「意味の音楽」としての文章美を体現した芸術作品の翻訳としては、だいぶもの足りないうらみがある。

　訳文（X）が如何に名調子であっても、それは日本の古典の名文とくらべると、とても洗練されたものとは言えない擬古文でしかないことは明白なのだ。日本人でありながら生粋の和文を綴れないというのは、私の場合も含めて残念なことだが、近代日本人として可能なかぎり欧文脈の文体と外来語の侵入に抵抗しつつ、伝統を踏まえて、現代日本語を秩序と節度のある豊かな言語たらしめるべく努めることが翻訳者にも求められている課題なのではあるまいか。

□ 文体と視点

　先の訳文（X）は原作の視点であった「作品のほとんど外にいる」作者・八雲の目と声を敢えて無視することによって可能となった無理な日本化の典型的な例であることは、もはや言うまでもあるまい。八雲の肉声を成り立たせていた英語という「国語」に内在する特質を奪ってしまう和訳の仕方は、この原作の特質をも損ねているのではなかろうか。八雲は自分の視点をほとんど他の人間、それも異国語を使う異性の視点にすり替えられたことで、主人公おとよへの愛着という内的な関係を断たれたばかりか、物語の語り手として肉声を響かせる資格と機会をも剥奪されたかたちになっているのだ。

　とにかく、おとよの物語が、ただおとよより年下の女性であるとしか解らぬ語り手によって披露されているために、原文を知らない日本の読者は、かなりこなれた訳文を抵抗なくすらすらと読んでしまい、異国人・八雲なればこその特異な日本観が打ち出されている個所にひっかかることも

なく、そこをほとんど素通りして、この物語の日本語版の複雑な文体成立事情に気づかずに全篇を享受できるわけだ。

　ハーン作の英文の翻訳をではなく、日本語で綴られた日本の物語を読んでいるのだと言う読者にはまったくどうでもよいことが、同じ作品を英書の日本語版として意識して読む人にとっては、大問題となるわけだ。ひょっとすると訳者は原作の視点のことをまったく考えずに、おとよを見守る一女性を語り手に選んで、それが視点の移動につながることに気づかなかったのかもしれない。

　そうだとすれば、一応はすらすらと読みやすい訳文体を使った訳者の実験は怪我の功名で成功したのだということになる。意図的であれ、偶然であれ、成功は成功なのだから、その結果に文句をつける筋合いのものではないが、視点の問題は、厳格に考えれば、文体の問題と絡み合っていることをここで明らかにしておきたかったまでである。

□ 原文の隠れた様態を訳文で明示する必要

　和文では、例えば戯文はいかにもそれらしく戯文体または戯文調で書かれるので、すぐにここでは作者がふざけたり、おどけたりしているなと解る仕掛けになっているが、英文では、標準文体が和文よりは一定していて、「辞」に相当する直接感情表出語が少ないので、さまざまな文体——荘重体とか、諷刺体とか、戯文体など——の違いが、主にどういう語彙がそこで使われているかによってしか示されないことが多い。

　一例を挙げれば、滑稽めかして「これは何だ」と言いたい時、日本語では「これは何じゃらほい」と思い入れよろしい「辞」を活用して直接に表現できるのにたいして、英語では、少なくとも文字的には、What on the earth is this? の on the earth のように、それだけでは間接的にしか滑稽感を表現できない語句に頼るしかない。しかし、それを口に出して発音する段になると、声の調子や抑揚、表情、身振りや手振りなどを駆使して、い

くらでも滑稽さを強調できるので、英文の読者は自然にそれらの働きと効果を文章に読み込むことができるわけだ。

　英語の場合ほど効果的にそれができない和文では、滑稽感なり、悲壮感なりを言葉で直接に表さなくてはならない。逆に言えば、普通「直言」を避けて口数少なく「肚芸」で意思の疎通を図るのが特徴であるとされている日本人の方が、英語人よりも却って言葉による直接表現を多く行って、英語人が you の一語でしか表現できない場面で「てめえ」「きさま」「おまえ（なんぞ）」のようにいくらでも蔑みや不興を明示するさまざまな代名詞で自己主張を簡潔に行うことができるあからさまな言語人なのである。

　日英語間におけるその辺の違いをわきまえていれば、一定の情感を書き言葉に盛り込みたい場合、日本人はその情感を文字化して直接明示的に表現しないと、文字通り無表現（無表情）なままの文章でしか日本の読者に訴えることができないのだ。

　そういう文章ではなくて、「表情」のある文体を打ち出す仕方をこれから少し練習してみるとしよう。

> The attendant standing at the door did not seem at all surprised at my suggestion that he absent himself for a while (in return for a substantial gratuity, of course); I got the impression that he received such requests all the time, and probably sent his children to college thereby.

　一目、見たところでは、この英文は淡々とした「平叙文」としか読めない。だが、absent himself というあまり見かけない句や、八語の副詞句を（　）でかこんだこと自体が意味深長であるのを感じただけでも、その印象をつぶさに観察すると、何となく皮肉な調子がとれる。そのそこはかとない感じを訳者はそのままにしておかないで、はっきりと訳表現しないと、次のような気のぬけた和文にしかならない。

ドアの前に立っていた係員は、(もちろん、たっぷりした謝礼と交換に) 暫くここにいないでくれという私の提案に、少しも驚いた様子を見せなかった。

　取り合えず原文の前半だけを直訳しておいたが、「係員」というのは、立ち入り禁止の部屋の前で立ち番をしている警備員のことである。その事実または文脈を踏まえて、全文を風刺調で訳してみると、次のように「わさび」の利いた活写文となる。

　　　入口の前で立ち番をしていた係員は、私が (きみにせがまれなくっても心づけはたっぷりはずむから) しばらくどこかへ消えていてくれないかともちかけても、一向にびっくりした気配もなく扉を開けてくれた。こいつめ、こんな頼みごとをしょっちゅう聞き届けてやっては、その上がりで子供たちを大学に進学させているというわけか、と私は「感心」した。

　上例のように、文の流れに「ひねり」や「めりはり」をつけて、次には何ごとがどんな表現で飛び出してくるのか、と読者に期待を持たせること——それが文章術の一つの秘訣であり、そこに文体というものの大きな効用がある。上の原文と、補充訳やら、大幅な意訳やらを含む全訳とをじっくり読みくらべてみたまえ。必ず、きみ、あなたの真の翻訳力が格段の進歩を遂げるはずだ。

　何度でも言うが、翻訳、特に文芸翻訳では、原文の意味内容を捉えただけでは作業は半分も進んでいないのだ。表現形態つまりは文章の表情や調子を日本語独自の表現で再現できて初めて作業は完了するのである。

　私はいわゆる超訳を薦めているのではない。超訳は、原文からいくらでも離れて、訳文をもっぱらその読みやすさ、解りやすさ、俗受け的な面白さだけのために、綴ることを辞さない勝手気ままな、無原則、無原理の翻案だったのである。

第14章　問題点さまざま

　私がめざしてきたのは、原文に実質的に忠実でありながら、しかもそれにとらわれることなく、readable な訳文を工夫するという「即（つ）かず離れず」（不即不離）の翻訳原理にほかならない。それをわがものとして、自然に実践できるようにしてくれるものがあるとすれば、それは「慣れ」と「芸」の二語につきる。

　要するに、極言すれば、「不即不離」という原理の枠内からはみでない限り——というのは、かなり自由に——文の調子を訳者自身の裁量で決定し、按配（あんばい）して構わない、という結論になる。もちろん、その程度は原作の質いかんによって異なるのだが。

その4　訳注の問題

　まだ一部では行われているのかもしれないが、地の文の中に（訳注；）として故事来歴や語句の解説を挿入する方法は見かけられなくなったようだ。これは、よいことだと思う。まだ訳注が花盛りで、訳書を読む楽しみのひとつは訳注で知識を広められるからだという人もいると言われていた時代に翻訳を始めた私は、その風潮にさからって、よほど長い注釈が必要な場合以外には、少なくとも小説などの読み物では訳注は目障りだと感じていたので、それが必要なときには、地の文に訳注と同じ内容の事柄をさりげなく盛り込ませる、という方法でこの問題を解決してきた。

　どうしても長い訳注が必要な場合には、脚注（実際には、訳本は縦書きなので、「側註」ということになる）をつけたこともあるが（第10章参照）、現在ではそんな手数をかけてくれる編集者は稀だろう。「側註」といえば、坪内逍遙はシェイクスピア劇の訳書でこの式の訳注を使って、台詞の中の洒落を説明したが、まさか役者の言った洒落の落ちを舞台の上か袖で黒子に説明させるつもりだったわけではあるまい。

　本来なら訳注で説明すべきことを地の文に「埋め込む」ことは、実は誰もが或る程度まで実行しているのである。私自身の手近な例を挙げれば、

第14章その1の「中断文の訳し方」に引用した「爆発で出来たクレーター」の原語はcratersなので、昔流に訳注をつけるとしても「クレーター（擂り鉢状の爆発穴）」といった、「訳注」という表示ぬきの註になっていたろう。

次に引用するのは、『ハムレット』の一場面で、原文では25語、直訳文では「有難う。おかげさまで。梟はパン屋の娘だったとか。あたしたち、自分の今のことは知っているけれど、これからの自分のことは解りはしないものなの」と約2行なのに、英国の民話や伝承についての知識を踏まえて、この狂乱したオフィーリアの台詞を説明訳すると、次のようになる。

> ありがとうございます。おかげさまで！　梟はもとパン屋の娘だったのですってね。イエス様をだましたものだから、その罰で姿を変へられてしまったらしいの。でも、私はさうではなくてよ、こんな姿になってしまったけど。ねえ、王様、今日は人の身、あすはわが身、だれもさきのことはわかりはしない。（福田恆存訳）

もはや、この大大的な説明訳、注釈込みの訳について多言は不要だろう。要は註を如何にさりげなく地の文に溶け込ませるかだ。

第三部　英和翻訳詳論

第15章　段階的翻訳術

　原文と完全に同じ意味を逐語的に担う訳文を綴ることが翻訳であったならば、翻訳者の仕事は、まずは原文の最小単位である原語の意味と同じ意味を担う訳語を見つけることであり、その作業を次々に続けてゆき、あとは文法に従って訳語を配列すれば完了する、という言い方ができたはずである。

　もちろん、実際に翻訳をしてみたことがある人には、上のようなわけには行かないことは自明の理である。A man was standing. という短文でさえ、「一人の男が立っていた」とも、「男がひとり立っていた」とも、「男の人が立っている」(X) とも訳せるのだから、ことは上述のように単純には運ばないのだ。((X) は第22章「日本語の長短」を参照)。

　原文、この場合は英文の言わんとしている意味はひとつであっても、それを表現する和文はひとつだけではない、ということこそ、翻訳一般にまつわる重要な事実であり、現実なのである。

　僅か四語の短文にして、上のとおりなのだから、原文が長くなればなるほど、その英文の意味を表現したことになっている和文の数は多くなる。そして、頭の中にうかんだ潜在的な訳文と言ってよい和文が多いほど、訳者にとっての選択肢が増える道理なので、そのうちのひとつを厳選し、磨きをかけて決定訳とすれば、それが最適訳である確率が高くなる。

　以上の過程で、ひとつの英文から最初にひとつの和文を思いうかべる段階を直訳または原文解読の段階と呼ぶならば、それに続く段階は、ひとつの和文から次々にその変形 (variation) を連想してゆく「和文和訳」の段階だ、ということになる。そして、この和文和訳の段階は、直訳から決定訳に到る過程、ないしは両者の橋渡しをするものなので、中間訳と呼ぶこ

第15章　段階的翻訳術

ともできる。

　直訳が、どんなに荒削りのものであっても、原文の意味に近ければ近いほど、訳者は、その直訳だけを見据えて、原文は一応不必要なものとして考慮から外すことができる。いや、ひとまず外したほうが、優れた決定訳に辿り着ける可能性が大きくなるのだ。それだけに、直訳の良否こそが決定訳の成否を左右する最重要因子である、と言うこともできる。少なくとも、直訳の質が高ければ高いほど、中間訳の数は少なくて済み、直訳が不完全で不備なものであればあるほど、多くの中間訳が必要となるわけだ。

　語学力と翻訳力とをしいて区別するならば、原文読み取りから直訳文作成までの基礎過程をこなすのが前者、語学力であり、それ以後の中間訳を次々に経て決定訳を完成させる能力を、翻訳力と称することができよう。しかし、すでに述べたとおり、直訳がしっかりしていれば、それだけ中間訳の過程で苦労する度合いが減るのであるから、最終的には直訳をこなす能力こそ、語学力と翻訳力との区別を超えた真の語学力であり、真の翻訳力であると言えることになる。

　言い換えれば、直訳から中間訳を経て決定訳に到る過程に訳者が習熟するにつれて、中間訳の必要が少なくて済むようになり、達人の域に達すれば、書き下す直訳文そのものが決定訳となりうるだろう。一口で言えば、ぶっつけ本番が可能になる、ということである。

　まだ完全には実験してみたことはないが、二人の翻訳家志望者がそれぞれの、それぞれなりの決定訳を交換し合って、互いに相手の訳文を添削し合う実習を積み重ねれば、意外なほど早く、直訳がそのまま決定訳となる決勝点に到達できるのではあるまいか。

　そう考えられる理由は二つある。ここ数年、私は共訳者を見つけては、まず原作を共訳者に（直訳ではなく）決定訳してもらってから、それに私が朱を入れるというかたちで共訳の仕事をこなしてきたのだが、これが意外な成果をもたらした。私ひとりで訳すよりも、質の高い訳文が出来上

がったのだ——と少なくとも私には思われたのである。

　なぜそういう好結果が出たのか。第一に、自分ひとりで綴った訳文は、もちろん自分の文体で書かれているので、訳稿提出前の最終「読み直し点検」が文字どおり抵抗なしにすらすらと運んでしまうことが多く、ただ誤表記や事実の取り違えなどしか訂正できないことが多いのにたいして、他人の文体を（もっぱら批判的にではなく）なるべく活かしてあげようという好意的な批評眼をもって添削してゆくうちに、翻訳家の理想である「単なる主観を排した中立の立場」という客観的な視点に近づくことができ、それだけ訳文そのものの質が高くなったと言えるからである。

　順序が逆になったが、上のような共訳態勢の長所は、まず、誤訳防止に、と言うよりは誤訳発見に威力を発揮するところにある。岡目八目とはよく言ったもので、人の間違いは外野から見ているほうがよく目につくものなのである。

　以上の二点の長所は、次の観察によって、さらなる裏づけを得ることができた。かつて、ある新進の翻訳者が名目上の監訳者となって、何人かの共訳者と合議制で一冊の訳本をまとめたことがあったが、それを読んで感じたのは、部分部分の訳し方は流暢なので、少なくとも表面的には問題がないように見えたものの、原作者の思考の流れがいまひとつ、つかみにくいことが、全体として少なくなかったのである。合議制そのものに反対しているわけではないが、文芸の世界で、解釈や文体までが多数決によって改善できると思うのは、賢明なことであろうか。

　共訳の話はこれにて打ち切り、段階的翻訳法とも言うべき先の主題に戻るとしよう。先には、直訳と、中間訳である和文和訳のつらなりと、決定訳という三段階方式によって、翻訳の過程を説明したわけだが、さて、その和文和訳の段階は、必ずしも、ひとつらなりのものではないということをここで肝に銘じて頂きたい。

　英文があの四語文（A man was standing.）のように一回の直訳と一連の

第15章　段階的翻訳術

和文和訳だけで決定訳に到ることのできる場合は、むしろ稀であって、実際には、二回あるいは三回と直訳文そのものを試行錯誤で作り上げ、和文和訳の線も二連あるいは三連とつらねなければ、これぞという決定訳に到達できないことのほうが長文では多いのが現実なのである。

第16章　和文和訳と中間訳

　原文理解を文章化したのが「直訳」であり、その直訳を出発点にして、幾つかの中間訳を経て、これ以上もう手直しの余地なしと判断できる最終稿すなわち決定訳に到るまでの過程こそが翻訳そのものであり、もし直訳だけですべての英文を完全な和訳文へと表現し直せるのであれば、既述のとおり、常にそれができる人はすでにして翻訳の達人であり、そこまで行けば、その人の語学力は単なる英語力を超えて、日英両国語それぞれと、それらの相互関係とを一望のもとに置くことができるbilingualsの超国語力となっているのだ。(そこまで行くと、日本の訳者は精神的に無国籍者となってしまうおそれもあるが、「三つ子の魂百までも」と言うとおり、自分の血と生い立ちの環境とを信じる心さえあれば、それは杞憂である。母語である英語にすがりつづけた八雲の例を想起されたい)。

　そういうbilingualの境地に達するのは至難の業であろうが、翻訳で身を立てようと決心した以上は、翻訳を生活の手段とするだけにとどまらず、上に述べたような翻訳の理想達成をめざすという強い目的意識を保って仕事をすべきであろう。そうすれば翻訳の質もずっと速く向上するはずだ。

　目指す目標ははっきりした。一歩一歩、確実に直訳点と決定訳点との距離を縮めていこう。

　その過程に慣れてくるにつれて、二つの中間訳間を踏破するのに必要な歩数が減り、歩幅が大きくなってゆく。時にはそれが自分でも驚くほど飛躍的な進歩を遂げる。いったんその自己発見(この場合は自己の実力評価)の味を噛みしめられるほど客観的に自分の仕事ぶりを眺められるようになったら、あとは一筋、上達の道を歩むばかりなのだ。

　要するに、何の道とも同じ地道な熱意の修業がものを言うだけの話なの

第16章　和文和訳と中間訳

で、訓示はこれくらいにして、具体論に入ろう。

　和文和訳を内容とする中間訳の第一条件として、その出発点である原文解読すなわち直訳が正訳でなければならないということ、もしそれが誤訳であったら、直ちに道を引き返して、新規の直訳から出直す必要がある、ということをここでもう一度、繰り返しておく。

> The 23-hectare plateau, shaped like a Rorschach inkblot and rent by precipitous ravines, attracts Indian day-trippers on weekends.
> （この23万平方メートルの高原は、ロールシャッハ検査のインクの染みに似た形をしていて、断崖絶壁の渓谷に引き裂かれていて、週末には日帰りのインド人旅行者をひきつけている）。

　上の（　）内が出発点の直訳だが、すでにヘクタールをメートル法に換算するなどの意訳が行われている。次に、文法解析をすれば、shaped と rent は動詞の過去形ではなく、過去分詞形であり、両方とも名詞 plateau にかかっているので同格である。このように名詞のあとに形容詞的に使われている過去分詞の動詞を、過去形と間違えて shaped を「形作った」、rent を「引き裂いた」と訳してしまう人もいるので注意を要する。次は「ロールシャッハ検査のインクの染み」だが、インクを紙面に滲ませたようなこの精神鑑定用の模様（全部で10図ある）のうちのどれか一つに似た形をこの高原はしているというのだから、リアス式海岸のように入り組んだ形をしていることを想像すればよかろう。day-trippers は少し常識や想像力を働かせれば初級者にも解る複合名詞だ。そこまでいけば、あとは attract という述語動詞を「ひきつける」よりも全体の文脈にふさわしい訳語に変えるなどすればよい。

> 23万平方メートルの広大なこの高原は、ロールシャッハ検査模様にも似た形状をしていて、渓谷が断崖絶壁を成して亀裂のように何本も走っている景勝の地なので、週末には日帰りのインド人観光客でにぎわう。

直訳から一歩で決定訳に到達できたが、それは中間項を省いたためではなく、原文がこみいっていなかったせいである。それでも「断崖絶壁の渓谷に引き裂かれていて」を「渓谷が断崖絶壁を成して亀裂のように何本も走っている景勝の地なので」とかなり意訳してある。特に、原文の, shaped like…and rent by… 以下の部分は、as や because がなくとも、観光客をひきつける理由を示す語句とみなせるので、「～景勝の地なので」と補充訳しておいた。もちろん、最も肝腎な構文分析は、文頭から ravines までを主語――厳密には主部――とすることである。

　和文和訳の問題として第一に肝要なのは、「景勝の地」というような表現を思いつくことだろう。第二は、「観光客をひきつける」を「観光客でにぎわう」などと表現し直すことで、これは余計な修正だと思う人もいるだろうが、少し変えて「観光客を誘致する」としても適訳だとは思えない。（もちろん「誘致する」は観光業者などが広告などで客を招き寄せるという意味になる）。

　さて、その「景勝の地」から連想されるのは、次の原文だ。それを適訳するには、その話題、もしくは全文を一語でまとめる要語を思いつくことである。あとは、それを中心として常に念頭に置きながら、訳していけば、原意から大幅にずれるおそれはない。

　　Hilton professed that Shangri-la is not on any map, but that hasn't stopped numerous countries — Nepal, Ladakh, Sikkim, and Bhutan, among others — from claiming to harbor the verdant Himalayan valley in the shadow of a glacier-clad peak, shaped like a pyramid.
　　（ジェイムズ・ヒルトンは、シャングリラはどんな地図にもないと明言したが、しかし、多くの国、特にネパール、ラダク、シッキム、ブータンなどが、ピラミッドのような形をした氷河を着たヒマラヤの山岳の影の中にある緑したたる盆地をかくまっていると主張することをヒルトンのこの明言はやめさせられなかった）。

上の直訳も文法的には問題ないが、日本文としては整っているとは言えない。特に「氷河を着た山岳」(glacier-clad は clad in glacier の短縮形) はいくら何でも直訳すぎるので修正しよう。among others は among other countries の略である。次に課題文の題目さがしにとりかかると、Shangri-la は James Hilton の小説 *Lost Horizon* に出てくる架空の桃源郷であることを知れば、この一文の「題名」として最適なのは「幻の秘境」であることが解るので、それを踏まえて全文をまとめればよかろう。

  シャングリラなどという土地はないと作者のヒルトンも認めているものの、ネパール、ラドク、シッキム、ブータンを筆頭とする多くの国では、それでも、われらが国のヒマラヤ山系には氷河をまとったピラミッド型の狐峰の裏側に緑したたる盆地が伏在すると今なお主張している。

これでほぼ決定訳が出来あがったが、文末の「伏在すると主張している」が、少なくとも私の趣味では生硬すぎるので、「秘境として存在すると今も自慢している」と大幅に意訳したい。「自説を主張する」なら自然だが、「～があると主張する」は日本語としてなじめない感じがかすかにある。(第11章「相性の良し悪し」の項、参照)

上の最終訳では、「多くの国は」の代わりに「多くの国では」という副詞句のような句を使ったが、ここに限らず、そうするほうが日本語として自然な感じがするのは、「Aでは」が「A以外のものに比して特にAでは」という含みを帯びているのと、「は」だけより親しみやすいためだろう。そう言えば、国語学でも、主語というものはなく、英語の副詞にあたるとみなせる表現がその代わりをつとめている、とする説がある。

さて、上の例文の原文理解で最も枢要なのは、not stop ～ from ≈ という係り句(「～が≈することを、やめさせられない」)であり、これが理解できないと、全体の構文が見えてこないので、それをそのままにしておいたのでは、何遍、直訳をやり直し、中間訳の線を何本増やしても、徒労で

ある。さっさと見切りをつけて、原文の文法構造解析に戻る必要がある。

「直訳がしっかりしていればいるほど、決定訳までの距離がそれだけ縮まる」という意味のことを前に書いたが、上の場合で言えば、本当にしっかりした直訳とは、原文の文法構造にたいする完全な理解を中軸または土台としたものでなくてはならず、それにくらべれば、個々の語句をどう訳表現するかは、二次的な問題にすぎない。全文にわたって一貫した安定性を保つ全体感覚の働きがものを言うのは、この土台の上でのことなのだ。

□ 大づかみ訳法

そこで、本項の総仕上げとして、今度は構文（文法構造）の把握に特に重点を置く必要のある英文に取り組んでみよう。哲学者ホワイトヘッドの文章だ。

> Intellect is to emotion as our clothes are to our bodies; we could not very well have civilized life without clothes, but we would be in a poor way if we had only clothes without bodies.
> （知性は感情にたいして、私たちの衣服が私たちの身体にたいするがごとき、関係にある。私たちは衣服なしでは到底、文明生活をもてなかったろうが、衣服だけがあって身体がなかったら、さぞみじめなことになっていたろう）。

上の直訳文で構文上、最も難しい A is to B as C is to D の文型というか修辞法（X）は日本語ではまだ定着していないので、上のように「関係」という語を補充して文意をはっきりさせたが、それでもまだ平易な文章とは言えない。今のままでも意味は通じるから、それでいいという人もいるだろうが、表現の仕方を重視する私の立場では、（X）は「知性と感情の関係は、衣服と身体の関係にひとしい」とさらに意訳するどころか、ひいては、全文を次のように再表現したい。

人間に衣服がなかったなら、文明生活は成り立たなかったろうが、身体もないのに衣服だけがあったところで、どうにもならない。知と情もそれと同じで、知が文明を築いたにしろ、情がなければ身も蓋もなくなってしまう。

こういう「訳し方」は厳密には翻訳というより翻案に近いのだが、私見では、究極の翻訳はこういう「書き直し」を少なくとも含んだものであるべきなのだ。これは個々の文をではなく、段落全体を丸ごと消化吸収してから、あらためて表現しなおす一種の超訳法であり、すでにそれを試みた人もいるのだが、語学力不足で成功はしなかった。どころか、大変な誤訳だらけの本になって、それこそ丸ごと（一冊の単行本による指摘で）批判の対象にされてしまった。

そのことからも解るとおり、こういう「大づかみの訳法」は大づかみであるほど、緻密な原文解読が要求され、中間訳の回数も多くなるので、あだ疎かにできるものではなく、上の私訳にしろ、他の人が試みれば、もっとましな訳文ができた可能性がある。

上に例示したような訳し方こそが本当の意味でこなれた翻訳であると断定することができるとするならば、現在行われている翻訳の大半は、英和の場合なら、英語主導のものであり、日本語を英語の流儀に従わせている訳し方であって、対等のものではないということになりかねない。

（しかし、それは言語の歴史的な側面を無視した純粋論であり、現実には、仮名遣いの問題は別として、明治以降に普及した現代国語を使う以外に日常の言語生活を営むことはできないのであり、翻訳そのものにしても、現在これほど隆盛しているのは、明治時代に始まった国語の変化のおかげであることは、前に詳述したとおりである）。

さて、当面の話題に戻ると、一口に翻訳と言っても、直訳するだけで済む場合、意訳が必要な部分、段落全体を換骨奪胎しないと達意の訳文が出来上がらない場合など五つの訳し方があることを常に念頭において、臨機

応変にそれらの手法を使い分ける柔軟な対応力が求められているのだ。

　まずは学校英語式の"普通"の訳し方で訳してみて、それで充分に意味が通じ、表現としても立派で読みやすく、そのうえさらに前後の文とのつながり具合もすっきりしているならば、それを決定訳としてよい、というのがひとつ。その訳し方では、以上の三つの条件を満たせない場合には、「頭から訳す」方式などの手法を採用する、というわけである。

　多くの場合、普通の訳し方が通用するのは、短い文（sentence）にたいしてであり、文が長くなるほど、原文の節順どおりに「頭から訳す」などの技法を使う必要が多くなる傾向があることは第一部でほのめかしておいたとおりである。

　最後に、せっかく和文和訳をするなら、ただ語順を変えたり、補充訳をしたりして訳文に磨きをかけるだけでなく、満遍なく注意を払って、下に挙げる諸点の改善・修正をも心がけると、後で全訳稿を総点検する際の手間が省けるので、便利である。もちろん、全訳稿を読み直して推敲する場合にもこれは有効であるが、全文推敲では、何よりも各部分が作品全体の論旨や物語の筋と矛盾したり、うまく噛み合っていなかったりする個所を徹底的に見直して修正することが何よりも重要なので、それこそ全体感覚を最大限に発揮しなくてはならない。

　　1）誤字・誤表記・重複など。
　　2）音律・語呂・語勢などが芳しくないもの。
　　3）「相性」の悪い語と語の組み合わせ。
　　4）修飾範囲が不明確な修飾語を含む表現。
　　5）表記の統一。

　　　【「誤表記」とは、仮名遣い・送り仮名などの誤りのこと。特に、変則的な現代仮名遣いと正仮名遣いとの混用が見られる場合には、その統一。（4）は第22章「日本語の長短」参照】

第17章　国語力と英語力

　近頃は翻訳本（訳書ではなく、翻訳についての本）が続々と刊行されているようだが、その割には翻訳の質がとみに向上したという話はあまり聞かれない。それどころか、たぶん学校教育の国語軽視の結果として、国語による表現力の不足が目立ち、それが全体の水準を押し下げてさえいる、という声があちこちであがっている。

　だが、すべてを国語教育のせいに帰してしまう前に、まず考えてみる必要があるのは、一般国民の書き言葉にたいする関心、好奇心が、漫画や電話や電脳の普及、活字本の衰退によって低下しているという事実である。日本人はよく喋るようになったと言われるが、読み書きのほうはむしろ低下しているという指摘が多い。

　文章をきちんと書くには、良い文をできるだけ多く読んで、多くの語句や語法を身につける必要があるのだが、はたして翻訳家志望者全員がそれだけの素養を積んでいるだろうか。いや、翻訳だけに限らず、たとえば、新聞にしても、その第一面記事全部をすらすらと読みこなせる人がどれだけいるだろうか。つまり、翻訳に日本語を活用できない遠因は、日本語を書く能力より以前に、日本語の読解力そのものが低下していることにあると考えられる。

　要するに、国語をもっとよく知って、うまく使おうという意識が、一般人はもちろん、知識人のあいだでさえ希薄なのである。なるほど知識人は言葉を多く知っていて、それを縦横に駆使しているように見えるが、それは彼らの世界、ひいては彼らの頭の中だけですらすらと通じる言葉でしかない、と言ってもいいくらい一般性に乏しい場合が少なくないのだ。

　翻訳本（訳書ではなく、翻訳についての本）にしても然りであり、例え

ば「原文の理解方法には、原文そのままの全体的な理解方法と構築的理解方法がある」という或る翻訳本の日本語を、そこだけ読んですんなり理解できる人はまずいないだろう。少なくとも私の語感では、「全体的」と「構築的」とは同類の概念であり、「原文そのままの理解」とは英語常用者にしか充分にできない「英考法」による英文理解のことであって、日本人である私たち、とりわけ英語学習の初級者にはあまり望めないことなのだ。

ことは専門用語に限らない。日本人があまり使わない「～としての」という言葉を考えてみよう。これは英語のasに相当する言葉で、たとえば「理事長としては嬉しいが～」と寄付を貰った団体の理事長が言ったとすると、それは「私人としては、きみがもっとほかのことにこのお金を使うことを望む」といった意味合いを含んでいるのだが、そういう一人二役、いや、一人多役の概念も習慣も日本人にはあまりないせいか、as a historian を「歴史家なので」と訳した英文学者さえいた。(この「役割」の as については、第21章「英語学習の盲点」の［前置詞］の項で詳述する)。

話し言葉と書き言葉の問題に戻れば、書き言葉にたいする日本人の感覚が鈍ってしまった要因は、第一に「言文一致」運動である。「一致」というからには、「言」すなわち話し言葉のほうも「文」すなわち書き言葉に近づかなくてはならぬのに、もっぱら「文」のほうだけが話し言葉に近づいて、締まりのない文章が幅を利かせる傾向が強まり、ある有名評論家のごときは、数百頁の大著を16時間で口述筆記させたという。

第二の原因は「国語改革」で、その結果、仮名遣いが乱れ、たとえば大地が揺れる地震を「じしん」と仮名表記する始末になり、漢字にしても、徐々に元に戻りつつあるものの、今でも「留まる」は「とどまる」としか表記できず、「とまどって」いる人もいる。

こういう現状では、学校での国語教育そのものよりも社会全体の国語にたいする意識あるいは態度こそが翻訳界での国語による表現力低下の要因なのであり、せっかく国語を学ぼうと志しても、どの表記法が正しく、ど

第17章　国語力と英語力

ういう文体が標準的なものなのか、戸惑わないほうがどうかしているとさえ言ってよい。この状態を変革しないでは、どの分野でも、表現力の低下傾向は悪化するばかりであって、この観点を欠いては翻訳家志望者の国語能力について、いくら細かな指導をひとつひとつの問題点にたいして行っても、所詮それは局部療法でしかなく、大勢を変えることは不可能なのである。今、何よりも必要なのは、日本の社会全体が日本語、とりわけ正しい書き言葉への関心を強めることなのである。本書の枠内でも、とりわけ第11章の「和英発想」方式による英和翻訳を実行するには、英作文の能力と共に、日本語感覚の鋭さがどうしても必要なのだ。

　（以上のことを書いてから暫くしていわゆる「国語ブーム」の世の中になったが、国語の根幹である仮名遣いの問題にまで人々の関心を惹きつけない、文字どおりの「にわか景気」（ブーム）では先が知れているというものではないか──校正に際して付記）

　翻訳の具体的な問題として、国語能力低下との関連でよく聞かれるのは、英語力は身についているのに国語ができない、という声なのだが、本当にそうだろうか。かつて、ある大学が入試から国語を除外して英語の試験で受験生の国語力をも判定していたということは、英語ができる人は国語もできるという統計数値に基づいてのことだったにちがいない。だが、その逆は真ならずで、国語ができる人ならば、英語もできるとは限らない。（そこで私はその大学の入試方法に反対したのであり、国語学者を養成するには国語の出来る人を多く合格させる必要があるはずなのだ。但し、国語学者で外国語にも堪能な人が少ないために、国語学が井の中の蛙になって、比較言語学的な観点を必要なだけ導入することができず、多分に普遍性を欠く結果となってしまうおそれがあるとしたら、いくら日本語が特殊な言語であっても、それはそれで望ましいことではないのだが。）

　英語力はあっても、日本語が活用できないというのは、以上の理由から真実であるとは思えない。当人の英語学習法が間違っていたか、偏っていたためだと考えたほうがいい。そうなると、学校での英語学習法が問題と

なる。すでに例示したとおり、学校英語の原理ではなく、教え方が間違っているのだ。

　それは、実地に英語を使うための学習ではなく、学問あるいは教養としての英語学習という観念にいまだにとらわれているためである。しかし、ここで私はいわゆる実用英語の薦めをしているわけではなく、英字新聞を読むにせよ、翻訳をするにせよ、英文日記をつけるにせよ、とにかく何らかのかたちで英語を「使う」ための学習法へと早く切り替えないと、いつまでたっても日本人の英語力は本物にはならない、と主張しているだけである。

　そこへゆくと、明治の先人たちは偉かった。高等学校時代の夏目漱石の英作文を見るがいい。ここでは引用できないが、英米が今より遙かに遠かった当時にあって、今の大学生一般とは比べものにならない良質の英文をすらすらと綴っていたのである。今、第三の開国に際して、私たちもいっそう奮励努力すべきであろう。

　では、英語教育は如何にあるべきか。それについてもすでに他のところで述べておいたので、ここでは触れないが、第21章として「英語学習の盲点」という一章を設けておいたので、「私の習いたいのは語学ではなく、翻訳なのだ」などと抗議しないで、語学力＝翻訳力という私の等式にひとまず従って受講されたい。

　書き言葉で文章を作ったり、訳したりするのは、話し言葉で自由会話を交わすのとは、わけが違って、特別の配慮をする修練が必要なのだが、修練という以上は、自力で実行する以外にない。本書も含めて、「翻訳本」に書いてある指導事項や方法は、実際の翻訳に必要な素養や技術のすべてではなく、のこりの多くの方法やルールは学習者自身に最も適したものとして学習者によって発見されるのを待っているのであるから、読者としては、本書によって翻訳の勘どころを押さえ、それを自分なりの方法として発展させることを何よりもまず心がけて、あとは自己発見せよというこの

第17章　国語力と英語力

挑戦に応じて頂きたい。「学ぶに近道はなし」と言うが、「志あらば、おのずから道はひらける」であろう。

第18章　全体と細部

　翻訳では、細部よりも全体の雰囲気や調子をつかむことが大切だ、とよく言われるが、それは半面の真理であって、単純な物語、特に童話や絵本、笑い話や一口噺、冒険譚や怪奇小説、全篇を一つの調子で貫いて特定の雰囲気を出す純文作品などにこそ直接当てはまるが、普通の本格小説を少しでも訳したことのある人なら、小説というものの性質上、一作の中にあらゆる要素が盛り込まれているので、一本調子をつらぬくことは事実上不可能でもあり、却って効果を削ぐ結果にもなることを経験済みだろう。便覧（マニュアル）の場合も、使用者の年齢や職業なども考えて、訳文体を選ぶ必要があるし、手紙を訳すときにも、真面目な部分と冗談とが一目で区別できるようにしておかないと、とんだ誤解のもとになりかねない。

　ひとつの作品という全体は、部分または細部が構成しているものなので、その細部の訳がきちんとしていないと、全体がしっかりしない場合が多い。その程度は作品の質によって異なり、娯楽ものでは多少の誤訳や逸脱があっても大勢に影響はないが、本格作品だと、ちょっとした「ずれ」が致命傷となりうるし、推理ものでも、どこに伏線や謎解きの鍵がひそんでいるか解らないので、細部を疎かにすることはできない。

　文章を書くこと自体が全人的な営みなのだが、翻訳では、外国語という暗号の解読作業が前提となるので、翻訳者は二重の努力を要求されることは前述のとおりである。解読作業の能力向上と文章術の練磨とがうまく絡み合って初めて成功する翻訳という仕事には、単なる文章づくり以上に「慣熟」というものが必要であり、しかもそれが長く持続するように、強い初速をそれに与えてやる必要もある。

　その初速をうまくつけるには、なるべく早い段階で、日本語と英語のそれぞれと、両者間の相互関係とを、あくまでも書き言葉の問題として「湯

第18章　全体と細部

水」を浴びるがごとくに全身ならぬ全心に染み透らせることが望ましく、たとえば三ヶ月とか半年間、寝食を忘れてまでとは言わないが、一定期間の集中学習を実行することが何よりも確実な道であることを、経験上、保証しておく。

　その具体的方法の一つは英書を全編は無理であっても要所要所だけでも頭の中で「翻訳」しながら何冊も読みとおすことであり、一遍では憶えられない語句に出くわしたら、それを前述した方法でカード化して組織的に暗記することである。（第1章「総論」参照）

　英書の読み方について、もうひとこと。読書法には精読と多読とがあり、それを同時に五分五分に実行できれば理想的なのだが、実際には、まず一言半句も疎かにしない精密な読み方で文法と語義を正確に捉える習慣を身につけてから、次の段階である多読＝速読に移って、質ばかりか量もこなせる実力を育むことをお勧めしておく。Practice makes perfect. この諺を「習うよりは慣れよ」と意訳してはならない。日本語では「習う」と「慣れる」は同語源の言葉なのだから、上の意訳は同語反復で、あまり意味をなさない。そこで試訳をひとつ。「覚え込んでこそ最高の成果あり」。

第19章　内容と形式

　ここでは、本書の原理の一つである内容と形態の相関について実例つきで解説する。

　内容と形態、または意味内容と表現形態は、ふつう内容と形式の一致という用語によって事実上あらゆる言語作品の制作原理として使われる組合せである。すなわち、書簡であろうと、新聞雑誌の記事であろうと、文芸作品であろうと、多少なりとも整った書き物ならば、その意味内容は、それにふさわしい表現形式によって言語化されるべきである、というのがこの一致原理なのだ。

　たとえば、「ねえ、火事よ」という表現は、遠くの火事を見た女性がそのことを家族か友人に報せている場合には、事実すなわち意味（または伝達）内容と一致しているが、隣家が燃えている場合とか、先生に報せている場合には、その事実にふさわしくない表現であり、隣家が火事であることを先生に告げているならば、「大変、火事です」といったところが妥当な（事実と一致した）表現となるわけである。

　私たちは、山を見て「山だ」と言う。もし「川だ」と言ったなら、事実（伝達内容）が叙述（表現形態）と一致していないことになる。それが実人生での約束ごとなのだ。

　その山という事実が、翻訳の場合にはmountainという英語になる。つまり、表現すべき対象が、事実または現物から英単語という言葉に変わるわけであり、そこで当然、そのmountainという言葉を別の国の言葉で言い直すのが翻訳なのだから、それを「川」と表現するのは翻訳上の約束違反すなわち誤訳であるということになる。

　そこでだが、「山」もmountainも具体名詞であるからこそ簡単に把握で

第19章　内容と形式

きるのだが、実際の文章では、抽象名詞がいくらでも出てくる。

　　　　　Impatience feeds on ignorance.

　上の英文では、具体名詞は一語も使われていない。もしこれがThe puppy feeds on milk. であったら、ことは簡単、「仔犬は牛乳を飲んで育つ」とたちどころに訳せるのだが、実際には二つの名詞が両方とも抽象名詞なので、いろいろと厄介が生じる。

　第一に、「苛立ちは無知を糧にして育つ」と直訳しただけでは、まったく意味をなさない。つまり、この英文が如何なる事実または伝達内容を指しているのか、この直訳ではほとんど不明なのである。ここで思い出される実話をひとつ披露しておこう。

　某大学で英語の試験が終わった直後、校庭で女子学生が喋っているのを当の英語を担当していた先生が立ち聞きした。「あの試験問題、訳せたんだけど、意味がまるきり解らなかったわ」。

　たぶん、この学生に上の英文を訳させたら、やはり「苛立ちは無知を食べて育つ」のように訳していたろう。問題文の伝達内容が解らないのに、訳せるとは！　本末転倒もいいところだ。が、実際には、古強者の翻訳家でも、ちょっと油断すると、こういう根本的な心得違いを犯すことがあるのだから、いくら注意してもし過ぎることはないのである。

　さて、先の英文はどのような事実または伝達内容を表そうとしているのか。ほとんどお手上げの状態だったが、匙を投げてしまうのはまだ早い。翻訳すべき文章には、たいがい文脈というものがあるからだ。早速、問題の英文の文脈を探ってみよう。

　「苛立ちは無知で肥える」とも訳せるその英文は、実は長い段落の最後の一文なのである。このことは重要な条件であって、なぜこんなに短い文でありながら解りにくく気どった表現を作者が選んだのか、その理由の大半はこの（立地条件ならぬ）「立文条件」のうちにある。もっと具体的に

言うと、それまでは普通の平易な文体で綴ってきた作者が段落全体の締め括りとして、ここで「しな」をつくって、おどける代わりに荘重ぶって見せたのだ。その「身振り」まできっかりと訳出できれば、満点にて合格ということになる。

まずは段落全体の概要を記すと、「車内などにいる乗客は、何か遅延が生じて長いあいだ待たされると苛々してくるが、それでもまだ車内放送がなく、遅延の理由を知らされないと、苛々は嵩じるばかりだ」といったところなので、問題の英文は意味伝達のうえでは無くもがなの付け足しであり、起承転結で言えば「結」に相当する部分なのだ。

以上の条件または文脈上の「背景」を踏まえると、問題の四語文の訳し方は、（伝達）内容ではなく（表現）形式をなによりも重視した訳し方でなくてはならないということになる。すると、先に述べたこととは反対に、「苛々は無知で肥える」式の警句調の訳し方のほうが、たとえば「乗客は、事情を知らされないと苛々がつのる一方である」などと長たらしい散文調で訳すよりもずっと気が利いているということになる。表現形式にたいする配慮が、時として最も重要な決め手になるわけだ。

しかし、いくらなんでも「無知で肥える」では不自然なばかりか、「肥える」という心象・比喩（イメージ）が美感をそこねる。そもそも feed という原語は生物にたいしてばかりか feed-back のように無機的・機械的にも使える英語なのだが、和訳してしまうと、そういう感じが失われやすい。

では、「肥える」をどう修正したらよいのか。その一語だけを他語との相関なしに変えることはできないという本書の原理に従うと、文末の「無知」との相関が何よりも問題となる。「無知」は、「蒙昧」と結びついて使われることが多い言葉で、「愚昧」の意を強く響かせているため、「事情を知らされていない状態」という、この場での意味に採ることはまずできない。どうしても「情報不足」などと意訳する必要があるわけだが、「苛々は情報不足で肥える」としたのでは却って不恰好になるだけなので、やは

第19章　内容と形式

り「肥える」そのものをどうにかしなくてはならない。こうして漸くできあがった私の決定訳は次の警句的な一句である。

　　　　苛立たしさは情報不足で増幅される、というわけだ。

　上の文末に附けた「というわけだ」はいろいろな場合に使えることはすでに記したが、ここでは、「結論めいたことを言えば、そうなる」といった意味合いの、日本語独特の便利な文末表現である。こういう表現も含めて、日本語独自の語法をまとめて、第22章「日本語の長短」に説明つきで収めておいた。

　私が全体感覚という表現で何を言わんとしているのか、これでお解り頂けたものと想定して、次に進みたい。

第20章　易しそうな難語と難文

次の超短文をよく見てください。It is Coke! ではないのです。

　　　　Coke is it!

　これを「コカ・コーラはそれだ！」という日本文に変えても、翻訳にはならない。いや、ひとつだけ、ある文脈の中に出てくる文だと仮定すれば、これでも何とか意味が通じる表現になりうる。それは、誰かが「何か、いい飲み物はないかな」と言ったのにたいして「コカ・コーラがあるよ！」というような意味でこう答えた場合である。が、それなら「コカ・コーラがそれだ」のように主格の助詞「が」を使って訳す必要がある。

　したがって、一応は「コカ・コーラはそれだ！」では何の意味もなさない非文だということになる。

　かりに「コカ・コーラがあるよ！」と意訳したところで、正しい訳文にはなりえない。その理由は、Coke is it! という原文には何の文脈もなく、この3語文はそれだけで独立した、名だたる清涼飲料の広告文だからである。

　その広告文句を効果抜群の日本語の惹句（catch phrase）に訳せと依頼されたとしたら、まずどうするか。今のところ、「それ」としか訳せないitという代名詞をどうにかする必要がある。そこで辞書を引き直してみると、itには普通名詞としての用法もあることが解る。しかも、その場合のitは「天下一品」といった感じで、要するに「最高！」という意味なのだから、ことは簡単、「コカ・コーラは絶品！」とか「コカ・コーラにかぎる！」とか、とにかくこの飲み物がとびぬけて旨いものだと印象づける表現を工夫すればよいのだ。

　と、誰でも考えるだろうが、そこでちょっと立ち止まって、もう一度、

第20章　易しそうな難語と難文

　原文中のitを見直すと、それは、the highest-quality drinkでもなければ、the very best beverageでもなくて、本来は指示的な働きしか果たさない、味も素っ気もなさそうなitの一語なのである。

　たとえば「コカ・コーラは天下一品！」と訳して依頼主に見せたとすると、それでは困る、競争相手の業者から、誇大広告だと訴えられるおそれがあると指摘されるから、という理由もあるが、それよりも、やはり原文のitのさりげなくて強烈な印象を再現してくれ、と依頼人は要求してくる可能性が強い。

　ここで、前章で小手ならしに訳してみたあの英文、Impatience feeds on ignorance. は、ある意味では「苛立ちは不知で肥える」式に訳すのが最適なのではなかろうか、という寸感を思い出すと、Coke is it! の場合も同様に「コカ・コーラがそれだ！」式の訳し方こそ原文に最も忠実で、しかも日本語としても断然、強い印象を消費者に与える惹句だ、ということになるかもしれない。

　要するに、問題は、またしても、意味内容を選ぶか、それとも表現形態を重視するのか、という選択の問題に帰着するわけだ。こうして、その両方のあいだをうろついたあげくに、私が到達した決定訳は、「コカ・コーラこそ！」だったのである。読者はこの問題をどう解決するだろうか。

□ さまざまな it

　itは簡単なようで、けっこう難しい単語であることがこれで解った。そこで暫くitのさまざまな用法を復習してみよう。天候や日付や時刻を表すitについては、もはや説明の必要はないので、省くことにして、まずはThat's it. という表現を考えてみよう。

　直訳すると「あれはそれだ」と無意味な文にしかならないこの表現も、普段からどういう文脈で使われているかを注意して、いろいろな英文に接

していれば、いつでも応用が利く。(辞書でこの表現を調べようとすると、まずthatの項を見ればよいのか、それともitを引けばよいのか、辞書によって違いがあるので、かなり手間どってしまう)。

That's it. は、例えば人に何かを頼んで、そのとおりにしてもらった時によく使う表現なので、「そう、それでいい」とか「その調子」などと訳せる。これと似たような言い回しにThat's right. というのがあるが、こちらは、相手の言葉などに同意した時に使うものなので、「うん、きみの言うとおりだ」とか「そのとおり」と訳せばよい。この表現の便利な点は、相手の質問にYes. と応じるべきか、No. と答えるべきか (質問の形式によって、内容とは無関係に応答しなくてはならない英語では) とっさに決められない時に、とにかく相手に同意していることを示す表現として使えることである。

たとえば、Aren't you going out today? と訊かれて、「ええ、外出しません」と意思表示するには、Yes. は使えない。No, I'm not. が正しい答え方なのだが、よほど慣れていないと、すぐにはそれが口をついて出てこないばかりか、頭の中が混乱しかねない。そういう時に That's right. と答えれば、少しちぐはぐな問答になるが、誤解は避けられると思う。そう答えれば、相手はたぶん You mean you are not? と訊き返すだろうから、そうしたら Yes. と答えればよいのだから。(このYesはnotに対してではなく、You mean? に対しての答えである)。

It's all right. という言い回しもある。相手が恐縮したり、謝ったりしている時に、「かまわん、かまわん」とか、「いいのよ、気にしないで」といった気持ちを表すのに使う言葉で、こういう it は「そんなことは」(どうでもいいさ) とその場や状況全体を示しているわけで、「いい線を行っている」ことを示す That's it. や、Coke is it! の it とは性質が異なる。

では、It's expensive here. という文中の it は何を表しているのか。直訳すれば、「それはここでは高価だ」となるのだから、この it は値段か商品の

第三部　英和翻訳詳論　205

ことだろうと見当がつく。要するに文脈しだいで如何ようにも指示対象が変わるからこそ、(指示)代名詞と呼ばれているのがitであるが、それは既出の語句を受けて、その代理をつとめる働きをするだけが能ではないのである。(It's expensive here. は意訳すると、「この店は高いよ」となる。直訳とのあいだの開きに注目されたし)。

　余談だが、文脈なしで She has it. ときたら、何と訳すか。「あの子は色気たっぷりだ」となる。itは男性にとって、まさしく女性の精華だったのだ。コカ・コーラはお義理にも艶っぽいとは言えないが。もうひとつ、梵語の経典に、Thou art it.［You are it. の古文体］と英訳される神聖な名句があり、「汝がそれなり」と訳されている。梵天ないしは天理は自分そのものの内にある、という意味なのだから、it はまさに天壌無窮の世界に属する超単語だ。(そう言えば、It rains. の it も実は「天」を表しているという説もある)。

□ 易しそうな難語

　ここからは、品詞別にではなく、思いつくままに「難語」と言ってもいいほど微妙な重要単語を列記して、説明を加えることにする。

● ever　この副詞一語だけ訳すのは、かなり難しい。辞書には、「かつて・いつか・これまでに」といった訳語が出ているが、たとえば、Did you ever see a comet? という文なら「あなたはこれまでに彗星を見たか」とは訳せず、当然、「～見たことがあるか」としないことには、文章が文字どおり締まらない。

　上の例文で注意すべきは、一昔前の文法では、何らかの経験の有無を問う時には、現在完了形の疑問文を使うこと、という決まりがあったが、今では、過去形でも、ever を文中に含めれば、使ってよいようになったということである。考えてみれば、「これまでに」を意味する ever が使ってある以上、Have you ever seen a comet? と馬鹿丁寧に現在完了形で表現する

必要はない道理なのだが、そこは言葉というものの面白いところで、Did you ever…? のかたちが使われるようになった今でも、Have you ever…? といわば二重表現する人もいるのである。

但し、Did you never…? や I never did… のかたちで何らかの経験がまったく無いことを表すのを文法が認めているかどうか。I never went fishing. は、過去の一時期のあいだ、一度も釣りをしなかった場合にだけ使える文なのか。それとも、fishing の代わりにどんな動名詞が来ても、一般的に「これまで一度も～しなかった」ことを表す場合にも使えるのか。その答えは、話し言葉としてなら文句なしに使える、というものである。だが、Did you never…? という言い方はどうもしないらしいし、Did you ever…? にしても、反語的に（皮肉に）「まさか、そんなことをしたことがあるとは（驚きだ）」という調子で言う場合が多い。

Omega is the first ever watch maker to develop this technology. という文中の ever は the first を強めて「（オメガ社はこの技術を開発した）史上初めての時計メーカー」という感じを出す現代的な用法の副詞である。（この文例は前にも「頭から訳す技法」の章で出てきた）。

I didn't think I would follow her, soon or ever. という文を読んだことがある。「あの女を追いかけて行くことが、近々のうちにも、遠い未来にも、あるとは思えなかった」と訳せば正確だが、如何にせん、長すぎるので、仕方なく「あんな女、金輪際、追ってゆくものか、（と思った）」と訳したことがあるが、それでは、soon or ever の感じが全然、出ていない。所詮、翻訳とは、何らかの点で原文を裏切る行為なのだ。などと、悲観的なことを書いたのではお話にならない。それよりも、上例文の I didn't の not と ever とが合わさって、never となるのだと、ごく当たり前の話をしておくにかぎる。

●half　この語は、副詞として使われている場合、「半分（だけ）」と訳すより、「おおよそ」とか、half the time なら「たいがいは」などと訳すほ

うが原意に近いようだ。それどころか、He is not half lucky. は He is very lucky. を控えめに表現した文だと説明している辞書もある。但し、half-baked のような合成語になると、やはり「半分しか」という含みが強く、half-baked は「生半可な」といった意味になる。とにかく、「僅かしか」と「多分に」という二つの意味を訳し分ける必要があるので、注意を要する。half-expect という動詞を見たこともあるが、これは「ひょっとすると〜なのではないかと予想する」くらいの意味で使われていた。

● only 「たったの」とか「ほんの」という意味の語なので、たとえば only yesterday を訳すのに「ほんのきのう」などという表現を使う人がいる。「ほんの一時間」とか、「ほんのきのうのことだったが」とは言えても、「ほんのきのう」だけでは少し無理な感じがする。では、どう表現すればよいのか。「つい先程」と言えるのだから、「つい昨日」なら通るのではないか。only は、数でも、時間でも、距離でも修飾できるのに、日本語にはそれほど融通の利く表現はなく、「僅か」とか、「ほんの」などを使い分けなくてはならないわけだ。

● a first time　この句は普通、the last time と同様に、a ではなく the を使って the first time としなければならないのだが、このたび次のような英文の中で a を使った用法にお目にかかった。

> I believe in paying off my bets. Not that I remember ever losing one before. But there is *a first time* for everything.

> 私は賭で負けたら賭金は必ず払うことを信条としているのさ。だからと言って、これまでに一度だって負けた憶えがあるわけではないんだがね。でも何事にせよ、初体験というものがあるのさ。

人間の営みはさまざま分野にまたがっており、その分野ごとに「初回」もしくは「初体験」というものがあるので、今「私」は賭ごとで負けることを「初体験」しているのかもしれないというのが a first time という珍しい言い方の意味である。

● fat chance 「太った好機」とは？　日本では「馬鹿の大食い」というが、英語でも fat は「愚鈍」を意味することがある。見出しの句はそこから「見込み薄」とか「可能性なし」の意味になったのかもしれない。

● for　前にも出てきた前置詞だが、What is that for? のような用法もある。ある男が女に胸を小突かれた時に言ったせりふで、「それは何のためなんだ」と直訳できるが、あまり怒った感じが出ていないので、「どういうつもりなんだ」とでも意訳しておこう。ついでに、for のあとになぜか形容詞一語がつく慣用句を四つ挙げておく。for good；for now；for real；for sure の四句である。それぞれ、「いつまでも」「今のところは」「本気で」「必ず・確かに」の意味であるが、前置詞の直後に形容詞がくるとは、文法的に言ってどういうことなのか、今のところ私には見当がつかない。

● forget about　forget 一語で「～を置き忘れる」という意味にも使えるが、about がつくと、「誰それのことを忘れる」などと訳せる文脈で使うことが多い。「このことは忘れてくれ」の場合は、Forget it. でもよい。その場合は、うっかり忘れるのではなく、もちろん、意識的に心の中から締め出して、「そんな話はなかったことにする」わけだ。

● give up on　前置詞の on がついて、give が自動詞になっても、on ぬきで give が他動詞のままであっても、意味に変わりはなく、違うのは give up on のあとには「人物」を表す名詞か代名詞がくる、という点だけのようだ。The doctor gave up on him.「医者に見放された」。（もちろん、この訳し方は能動を受動に変えた構文転換訳である）。

● watch　動詞 watch も多義語（一語で複数の意味をもつ語）なので、どの意味を採ればよいのか、まず決めなくては訳せない。前回の冬季オリンピックの開会式でブッシュ大統領が「誇り高き偉大な米国を代表して」云々とぶち上げたのに反発した人がガラード事務総長に「開催国の元首が勝手に何かをし始めたらどうするのか」と詰め寄ると、総長は「我々は見守る」と答えたと新聞に出ていたが、「見守る」の原語は watch だろう。こ

の英語には「見張る」から「用心する」まで、さまざまの意味合いがある。そのなかから「見守る」を選んだのは適切だろうか。少なくとも「目を光らせて予防する」くらいの強い表現のほうがふさわしかったのではないか。「見守る」には、対象に働きかける積極性という含みがほとんどない「傍観する」と同義だとは言えないが、「蔭ながら」といった控えめな含みの強い語なのではなかろうか。とにかく、日常生活でよく使われる単語ほど複雑微妙なものが多いのである。

● favorable 「好意的な」というのが辞書の訳だが、たとえばThe book was favorably reviewed. なら、「同書は（書評では）好評だった」と訳すのが最適だろうし、Weather conditions were favorable for the test. ならば、「その実験の気象条件は良好だった」となる。いずれの訳文にも「好」の一語が使われているのは偶然だろうか。辞書訳の「好意的な」にも「好」がある。favorableと「好」は言語の壁を超えて共通しているのだ。こういうことがあるから、翻訳は妙味たっぷりの、こたえられない仕事なのである。

● aroundとalong 第一の前置詞は「～の周囲」と訳されることが多いが、例えばaround the houseならば「家の内外」を意味することもある。alongは「～に沿って」という訳語を先頭に出している辞書が多いが、「運河沿いに」ならともかく、「道路沿いに」（along the road）は誤解されやすく、まるで道路が二本平行していて、そのうちの一本を通っていることを表現しているのだと解されやすいが、もちろん「一本の道路を行く」が普通は正しい。

● second born どんな英語大辞典にも載っていない。ある意味で最重要な英語。日本語としては、「生まれ変わったように（～になった）」が最もこの英句に近い表現なのだが、はたしてそれがこのsecond bornと同一の現実を意味しているのかどうかは不明である。さらには「二度生まれた（ことのある）」と直訳しても、従来の概念に従って「一回輪廻転生した」とか「一回生まれ変わった」と意訳しても、真意を伝えられないのではなかろうか。従来の仏教でいう輪廻転生は何世にも及ぶものであるのにたい

して、これは一生の内で起こることであると考えられるからだ。

　これに最も近い他の英語表現として思いうかべられるのは、Second Birthという神学用語だけで、この名詞句は『リーダーズ・プラス』辞典に「霊的再生［復活］：生まれ変わり」と訳されている。

　その英句の形容詞形がこのsecond bornであることは明らかなのだが、例えばAre you second born?　を「きみは再生したのか」と訳すと堅苦しいばかりか、意味不明確だし、「復活したのか」と訳すと、あまりにもキリスト教的な響きを帯びてしまうので、私は人物の渾名として出てきたこの句を「一度、死んだことのある」と解釈したことがある。

　私の読書範囲では、近年の英語の小説などにこの句が使われているのを見たことがない。それは、この句が指し示す現実そのものがもはや存在しないためか、あるいは英語圏から他に移ったか、あるいはまた変質したためなのかは、何とも言えない。

□ 簡単そうな難文

　ここからは、易しい単語だけが使われている「難文」と取り組んでみる。まず、次の英文の意味内容を理解する作業から始めるとしよう。

　　　　　Now I'm leaving you to enjoy yourself.　（1）

　これは短文だが、理解するには、ちょっとした構文分析を要する。まず第一に、leave youだが、これは「きみをここに置いて私は去る」というだけのことで特に問題はない。が、そのあとの不定詞to以下の部分を「きみ自身を楽しむために」と解釈すると、全文が「ぼくはきみ自身を楽しむために、きみをここに置いてゆく」というとんでもない意味になってしまうので、考え直す必要がある。

　実は、to enjoy yourselfの意味上の主語は「ぼく」ではなく「きみ」な

第20章　易しそうな難語と難文

のだ。だから、「きみがきみ自身を楽しめるように、ぼくは去る」というのが全文の大まかな意味なのである。だが、「自分を楽しむ」とは何ごとか。もちろん、自慰をすることではない。英語では、ただ何かを楽しむことを、enjoy oneselfと表現することが多いので、その場合のoneselfは訳さなくてよい「虚辞」みたいなものと考えてよい。もちろん、enjoy playing tennis ならば、テニスを（観戦するのではなく）自分でやることを楽しむことである。

（余談だが、日本の避暑地のテニス場で、Enjoying of tennis という看板を見たことがある。これは正しい英語ではないことは先の説明で明らかだろう。正しくは Enjoy playing tennis. でなくてはならない。次章「英語学習の盲点」で見る the murder of his uncle の of は「対象」を示す前置詞だと書いてあるではないか、と反論する人には、このテニス場の看板には動名詞を使った以上、of を使うのは正しくないと答えておく。つまり、the murder は純然たる名詞であるから「対象」の of が使えるのにたいし、テニス場の看板では、enjoying という動名詞を使った以上、of は不要で、すぐあとに目的語がこないとまずいわけだ。尤も、enjoying を enjoyment という純然たる名詞に変えれば、そのあとに of をつけるのが正しいことになる）。

ここで、leave に戻ると、leave *something* to you の場合には「きみに何かをまかせる」という意味になり、leave you doing *something* ならば、「何かをしているきみを置いて、自分は去る」とか「ぼくが去ったあとも、きみは何かをし続る」ということなので、例文（1）の場合とはだいぶ意味が異なる。

さて、以上の説明で例文（1）の意味内容は「ぼくは去るから、きみは一人で楽しんでくれ」ということであると解ったので、今度は原文の表現形態にできるだけ忠実に訳し直してみよう。文頭のNowの訳し方にも注意されたい。

「じゃあ、これで失礼するよ、きみのお楽しみを邪魔したくないからね」
がその一例であるが、ほかにも適訳がいくつもできるだろう。

　　　　He tactfully left me to finish my homework.　（2）

　この例文（2）は構文が（1）とほとんど変わらないのに、最終的な決定訳はだいぶ異なる。（1）の訳し方を参考にしながら、意味内容にも、表現形態にも忠実な訳文をめざして、ひと工夫してみよう。

　　　　　　その男は、ぼくが宿題の仕上げができるようにと気を利かせて出て行ってくれた。（2′）

　この例から解るのは、文型が基本的には同じであっても、地の文であるか、会話文であるか、どんな修飾語が使われているか、あるいは、まったく使われていないか、などの付帯条件によって、訳文全体ががらりと変わることが多い、という重要な事実である。これはおそらく、本書全体の中で特に重要な点であると言ってよい。

　私がここで言いたいのは、まさに本書の第一主題である全体と部分の絡み合いが、上の二文の訳し方の違いのうちにありありと例示されている、ということなのだ。一つの文全体の訳し方は、原文の中に新しい要素として何らかの語句などの部分が加えられると、単に部分的ではない大幅な影響を受けて、大きく変化することが少なくないのである。

　そうなると、個々の訳し方や翻訳技法をいくら個別的に習ったところで、全体としての訳文の質をぐんと向上させることは期待できない、という或る意味で悲観的な結論に達してしまいかねないのだが、こういう障碍は克服可能であることは訳文（2′）が証明している。

　前述のとおり、ひとつひとつの部分が全体を構成してもいるのだから、部分的な細部も疎かにはできない道理であり、それだからこそ今まで私は個々の語句や表現の精密な把握を勧め、断片的ながら、その具体的な訳し方を例示してきたのである。その数少ない典型的な例から読者がきっかけ

をつかみ、訳文の全体的構築のための指針とされることを願ってやまない。どんな形の英文が次にとび出してきても、それに即応できる柔軟な言語感覚を養っておく必要があるわけで、塵も積もれば山となるの譬えどおり、一語一語への「こだわり」、小さな工夫の積み重ねが、最後にはものを言うのであり、全人的な「芸」の道にもつながるのだ。

　何遍も言うようだが、個々の手法をただ暗記するだけでは実際の英文にたいして優れた訳文は綴れない。本書で強調した「全体感覚」による把握の必要も忘れないで、細部と全体との平衡（balance）を保ってほしい。

第21章　英語学習の盲点

　ここでは、学校の授業でも、辞書を引いた時でも、あまり目につくことのない事項を問題として、翻訳の土台である語学力を確かなものとする基礎づくりの仕上げを行うことにする。

　本章では、全体を各品詞ごとに分けて、それぞれの品詞で特に重要な点でありながら、見過ごされていると思われる語学上の盲点だけを集中的に採りあげる。

　まず扱うのは、英語で何よりも難しいとされている前置詞である。英語の前置詞は日本語の助詞（「辞」のうちの主な部分を成す）に相当する。その助詞が後置詞（postposition）と呼ばれることがあるのは、英語の前置詞（preposition）と同じような働きをしているからであり、同じように使い方や訳し方が難しいためでもあろう。

□ 前置詞

● about　「～に関する」というのがこの前置詞の第一の意味だが、それがいつも訳語として使えるわけではなく、次の例文では別の訳語を工夫する必要がある。

　　　If my life wasn't about women, then what the hell was it about?

　　　私の人生は女あってのものだねなのだ。そうでなかったら、人生など、あってなきがごとしさ。

　上の訳文は大幅な意訳だが、そこに到達するまでの思考過程は簡単だ。about women を「女性をめぐって展開する」と解すればよいのだから。また、I am sorry about Thomas. といった文なら、「トマスのことでは失礼し

たな」とか、「トマスは気の毒だったな」というように、両様に訳せる。

　ここでついでに about が「おおよそ」という意味の副詞として使われている例文を挙げると、That's about all. がそれで、この場合はもちろん「それは万物に関する」では誤訳であり、「大体そんなところ（で全部）だな」のように訳さなくてはならない。

● **as**　前にも触れたとおり、as は人の役割を意味することがある。同一人物が果たす役割は幾つもあるので、John が時には「夫」になったり、「父」になったり、「通勤者」になったり、「歩行者」になったり、「重役」になったり、場合によっては「愛人」にさえなる。そこで、今は彼が重役として会社にいるとすれば、As an executive, John is very kind to his subordinates. という言い方ができる。訳はもちろん「重役としてのジョンは部下たちにとても親切だ」である。

　ここで気をつけなくてはならないのは、as には「理由」を表す接続詞としての働きもあるので、つい as an executive を「重役なので」と誤訳してしまう人が少なくない、ということである。そう訳してはならないのは、後続する節の意味とそぐわないためばかりではない。文法的にもそれではおかしいのだ。「役割」の前置詞 as の目的語は名詞か代名詞でなくてはならないのに、接続詞 as に導かれる部分は節でなくてはならず、そうなると、当然「重役なので」の原文は、as he is an executive, であるべきで、as an executive の場合とは構文が違ってくるわけだ。

　上のような誤訳をする人が多いのは、私たち日本人が一人で幾つもの役割をその場その場に応じて演じ分けている自己のあり方そのものを表現する必要を強く感じてはいないためで、ある意味では日本人はそれほど我が強くて、しかも対人関係の機微をわきまえた「苦労人」だと言えるのかもしれない。しかし、生活が複雑化すればするほど私たちは多様な役割を演じなくてはならないのだから、この「役割」の as 的な思考法と表現力をもっと身につければ、それだけ日本語による表現範囲が広がることになる。

□ 言い換えの美学

　ところで、「役割」の as で思い出したことだが、同時通訳者で名随筆家でもある米原万里さんが『言い換えの美学』で面白い例を挙げて重要な指摘をしている。或る国際会議の基調演説で通訳をつとめた時、ゴルバチョフのことがしきりに出てきたのだが、ロシア語では彼のことをいちいち別の言い方で表現していたという。たとえば、「ライサの夫」「ソ連最初の大統領」「上からの改革者」等々、ありとあらゆる角度から見たゴルバチョフの役割がそのまま彼の代名詞として使われたというのである。

　ところが、日本語にはそういう言い換えの習慣がないので、米原さんは仕方なく50回も「ゴルバチョフ」という実名を使わざるをえなかったという。

　このことは、人名だけに限らないし、ロシア語だけの現象でもない。たとえば、英語でも、「警察官」のことを policeman と言ったり、officer と言ったり、police officer と表現したりする。だが、日本では、こういう言い換えの習慣が希薄なので、原文どおりに訳し分けていくと、原文では同一物だったものが、日本の読者には幾つもの違ったものとして間違って受けとられる結果となり、肝腎の事実伝達に支障が生じてしまう。

　したがって、翻訳者としては、まず、いろいろな名称で原文に出てくるものが実は同一物であることを見ぬく必要があり、次いで、それを同一物として訳表現しなくてはならない。

　たとえば、原文の第1行に church とあり、そこから5行おいて cathedral が出てきた場合、両者が同一の礼拝用建築物を指すものであったら、そのことを訳文で書き表さなくてはならないわけだ。church を「教会」と訳したなら、cathedral のほうは、やはり「教会」とするか、あるいは、「大聖堂」は紛らわしいので、「その大教会」などと訳出する必要があることになる。

　なお、日本語の現代小説を読むと、「彼」をほとんど使っていないもの

が多く、たいていは人名をそのまま何度でも使っている。たしかにそのほうが読みやすいのだから、訳書でもこれを見習って、人称代名詞の使用はできるだけ避け、「日本語の長短」の章で見る「やりもらい法」などを活用して代名詞ぬきで訳すか、「彼ジョンは…」とするなどして誤読の危険を防止するとよい。

　もうひとつ、前述の「重役としては」の場合も、「重役であるジョンとしては…」と表現する手もあることを付記しておく。

●aboveとbelow　この前置詞の場合は、asとは違って、ごく基本的な事柄を説明しなくてはならない。

　普通、辞書には、「～より上に」とか「～より高い」という意味だと説明されているが、「より高い」では説明不足のきらいがあるので、もっと厳密に具体例で示すと、次のようになる。

　　　Above the hut there was the steep peak of the mountain.
　　　ヒュッテの近くに、険しい山頂が（ヒュッテよりも高く）屹立していた。

　上例では、ヒュッテよりも高い位置に頂上のある山が近くにあったことを表す前置詞がaboveなのである。次に、上の位置関係を逆に山頂を基点として例示しておこう。

　　　Below the mountain peak there was the hut.
　　　山頂の下方に、ヒュッテがあった。

　要するに、aboveの反対が前置詞belowなのだ。

●at　この前置詞については、shoot *somebody* と shoot at *somebody* との違いだけを問題とする。atがつくと、「（誰か）を狙って発砲する」となり、命中したかどうかは別問題であるのにたいして、atぬきのshootは「弾を誰かに当てる」とか、特に「誰かを射殺する」の意味になる。この場合の

at はあくまでも「～めがけて」といった意味なのだ。

● beneath　辞書には、under と同じく「～の下に」の意味だとあるが、ここでは beneath だけがもつ独自の意味として、「～の下側（または裏面）と接触して」を挙げておく。この意味をもつ前置詞は他にない。

　　Pebbles crunched beneath his feet.
　　足元で玉砂利がざくざくと音を立てた。

● for　「～を求めて」の意で使われる用法を例示しておく。

　　We groped for the rifles in the dark.
　　暗闇の中で小銃はどこかと手探りした。

では、この用法を応用して、I listened to the music. と I listened for some human voice. との違いがはっきり出る訳文を綴ってみよう。for を使ったほうは、「人声が聞えないかと耳をすました」のように、まだ聞えてはいない人声を求めて聞き耳を立てる、という意味が出せればよいわけだ。(feel for も、上の例文中の grope for ～ と同じく「手探りで～を捜す」の意である）。なお、the Latin word for ～は「～を意味するラテン語」のことで、for のあとに book がくれば「本のラテン語」と簡訳できる。

● of　何らかの動作や行為や感情の対象を示す場合があるので注意を要する。

　　The murder of his uncle was carried out after dark.
　　彼の叔父の殺人は、暗くなってから実行された。

of が「所有」を表すとのみ記憶していると、上の英文を正確に訳すことができずに上記のような曖昧な訳表現になってしまう。実は、叔父が誰かに殺されたのであり、その逆ではありえないのだ。なぜか。The murder of his uncle…を動詞節に還元すると、Somebody murdered his uncle. としかならず、His uncle murdered somebody. を名詞句にすると、His uncle's murder of somebody…か、The murder by his uncle…となるのが文法あるいは慣用

第21章 英語学習の盲点

語法だからである。

　こういう「対象」または「目的（語）」を示すofを的確に捉えて記憶するには、今この場で理づめに考えぬいて、「所有」のofと区別することに慣れておくにかぎる。たとえば the love of women ときたら、「女の愛」などと曖昧に訳さず、これは to love women の名詞句化であると理解して、「女を愛すること」とか「女性にたいする愛」のように、どちらがどちらを愛するのか、その方向性が判然と分る訳し方を選ぶべきなのだ。

　そこで厄介なのは、「母性愛」とか「父性愛」といった表現が日本語にあるという事実だ。それらは、わが子にたいする親の愛を意味するのに、「家族愛」とか「兄弟愛」などは、家族や兄弟どうしの愛を意味するというように造語の仕組みが違っているために、その違いを知っていないと正しく表現できないわけだ。「対象」のofを明快に理解し、訳出するのが難しい主な理由は、そこにあるのだろう。いずれにしろ、日本語の「癖」を日頃からつかんでおかないと、正確で簡潔な翻訳はできないことを教えてくれる好例が上記の問題である。

　なお、前置詞ofにはもうひとつ、「剥奪」を示す用法もあることを忘れてはならないのだが、それについては、次の用例だけを挙げるにとどめる。

　　　The burglar robbed the old lady of her gold ring.
　　　強盗はその老婦人を襲って、金の指輪を奪った。

● on 「彼は背広を着ている」を英訳すると、He is in his business suit. といったところだが、その in とは正反対の意味が on にあることをご存知だろうか。

　　　The clothes looked so nice on Henry.
　　　その服装はヘンリーが着ると、とても着映えがした。

　ヘンリーを主語とすると、Henry looked so nice in the clothes.（ヘンリーは、その服装でとても立派に見えた）となり、力点のおきどころが逆に

なる。

● onto　これはちょっと欲張った前置詞で、その意味は、綴りを逆にして to on とすれば理解しやすくなる。into を to in という語順に変えると理解しやすくなるのと同じことだ。

まず、to で水平の「移動」を表してから、on で「置く」なり「載る」なりの上下の動きを示す前置詞が onto なのである。He moved onto the next chair. ならば、「次の椅子のところまで行って、それに坐った」ということである。(もうひとつ、unto という前置詞もある。古語で、to と同義だが、今でも until の意味で使われることがある)。

普通、列車に乗るのは get on the train だが、今では get onto the train という表現をすることもある。この二つの表現はどう違うか。動作者(動作の主体)がプラットフォームのきわに立っていて、足をすこし上げるだけで乗車できる時には get on だが、まだ自宅などにいて、これから旅行に出かけようとしている時には、まずは駅まで行って(to)、そこで列車に乗るわけだから、get onto the train のほうを使う、という違いがあるようだ。

そのほか、hold onto *somebody* となると「誰それに惚れこんで、つきまとう」という特別な意味もあるが、一般的には、人ではなく、物を目的語として、「(何か)にしがみつく」ことを意味する。

● with　いつも「誰それと共に」という「同伴」の意味だと思いこんでいる人も少なくないようだが、それでは、What is the matter with you? (A) や What do you want with me? (B)　などの with は理解できない。いや、そんな細かいことはどうでもよい、文章全体の意味が解ればいいじゃないか、という人はまず語学の段階で翻訳者失格だ。英語力があっても、翻訳ができるとは限らないというのは嘘だと「序章」に書いた理由がここにある。一語一語の用法をきちんと意識して頭に叩きこんでおかないから、応用が利かず、結局は誤訳を犯すことになってしまうのだ。

第21章　英語学習の盲点

　このwithは「関連・関係」を表すもので、(A)の場合なら、「きみのことだけど、どうしたんだ？」という意味であり、(B)ならば、「わたしにたいして、何の用があるのか」という意味であることを知らなければ、本当に英語の単語力が身についたとは言えないのである。読んでいる英文中に、知っている単語なのに文脈とそぐわないものがあったら、それはその単語が自分には未知の意味で使われているのだと考えて、辞書を引き直すべきである。

　さて、withの用法で最も難しいのは、「誰それの家に泊まる」ことを意味する場合である。

　　　　I have just returned from a visit with my son.

　上の例文をたいがいの人は「息子と一緒の訪問旅行から帰ったばかりだ」と訳すのではないか。実は、これは「泊りがけで息子の家を訪れて、帰って来たばかりだ」という意味なのである。なぜそういう意味にとれない人がいるのか、理由は二つある。visitを「訪問（すること）」としか訳せない単眼的な単語理解がひとつ。もうひとつは、withを「同伴」の意味にしか解そうとしないあの頑迷さがそれだ。

　これには、辞書にも責任がある。辞書でwithを引いてみると、たいがいは第一義として「同伴・滞在」といった指標のもとに「誰それの家に滞在する」という意味の英語の用例が出ているのだが、「滞在」という表現が曲者で、普通、一泊か二泊の宿泊は「滞在」とは言えないのではないか。だが先日「香港に3時間滞在し…」と新聞にあった。3時間ぐらいなら「立ち寄って」でよいのではないかと思うのだが、いかがなものか。

　翻訳をするということは、全体感覚としての言語能力を日英両国語にたいして鋭敏に発揮して、あらゆる点で完璧な、とまでは行かずとも、日本語としてなるべく不備なところのない訳文を綴ることなのだ、という本書の主題を常に念頭に置いて頂きたい。

とにかく、前置詞は英語学習の難関である。が、それを突破する方法はある。そのひとつは、辞書を引く時、訳語を見る前に、訳語のまとめとして出ているあの指標（grope *for* の場合なら、「探求」；want *with* の場合なら、「関連」）をまず読みとって、当の前置詞がその文脈内ではどの意味で使われているかを、いちいち訳語を見なくても推測できるようにすることである。それが充分に可能になるためには、前述のように辞書にも頑張ってもらって、たとえば、「滞在」の直後に「宿泊先」（人物）をも加えるなどの工夫をこらしてもらいたいのだが、もっと簡単な概念ならば、すでに付されている指標で充分、役に立つ。それを活用すれば、いちいち訳語を見て記憶する手間が省けるし、訳語を自分でひねり出す習慣と能力を養えるというものだ。（以上は一部、他のところでも触れた要点だ）。

□ 前置詞と副詞との見分け方

英単語には「多品詞語」が多い。多品詞語とは、たとえば work のように動詞として使われるばかりか、名詞としても使われる、というふうに同一の単語が幾つかの品詞にまたがって使われるものをいう。したがって、school も多品詞語なのだ。なぜなら、schooling という片仮名英語としてもお馴染みの動名詞が存在する以上、動詞の school も存在するからである。

前置詞も多品詞語であり、in と out, up と down, on と off, across と along など、前置詞以外の品詞としても使われるものが非常に多い。とりわけ副詞としても使われる前置詞は、多いというよりは、前置詞のすべてが副詞をも兼ねる、と言ってもよいほどである。

たとえば go across the ocean のように前置詞として使われている across が get across to *somebody* のように副詞としても使われるのがその一例だ。（get across は「意思が相手に伝わる」といった意味である）。この例では、across の品詞の違いは一目瞭然だ。前置詞としては、the ocean という名詞の目的句の直前に置かれているのにたいして、副詞としては、前置詞 to の

前に置かれているからである。

では、次の文中に使われている off は前置詞か、それとも副詞なのか。

1) He shook the dust off his coat.
2) He shook off the dust from his coat.

1) の off は前置詞で、2) のそれは副詞であると一目で見分けられる構文分析力が備わっていないと、将来、どんなに複雑な構文が原書に出てこないとも限らぬ以上、あなたの語学力＝翻訳力は万全とは言えないことになる。（上の例文は両方とも「上着から埃を振るい落とした」という意味であり、1) に使われている前置詞 off は、2) の from と同じ「～から」という意味で使われているわけだ）。

□ 副詞

副詞は、動詞や形容詞や他の副詞にかかり、形容詞を副詞にするには -ly を語尾につければよい場合が多いことは言うまでもないが、-ly で終っている単語がすべて副詞であるとは限らず、-ly で終る形容詞もある。friendly, homely, leisurely, lovely, timely など、名詞の語尾に -ly がついて出来た形容詞がそれである。

次に知っておかねばならないのは、たいがいの副詞は形容詞をも兼ねていることである。fast, hard, last, late, least などはもちろんのこと、in, out, up, down, on, off などの前置詞兼用の短い副詞でさえ、形容詞としても使えるのだ。The time is up.（時間ぎれだよ）がその良い例だ。細かなことだが、副詞としての first と firstly は共に「まず」とか「第一に」という意味で使えるが、だからといって、lately は late と同じではなく、「最近では」を意味する。

日本語で「速度を上げてくれ」と運転者に頼むときの最短の表現は「もっと速く」だが、その反対は「もっと遅く」ではなくて、「もっとゆっ

くり」であるのとは違って、英語では、Drive faster! の反対はDrive slower! でもよい。つまり、日本語では、「早く」と「遅く」は反対なのに、「速く」と「遅く」は反対関係にはなくて、別の系統の「ゆっくり」という副詞を使わないと、「速く」の反対を表せないのにたいして、英語では、fastの反対であるslowまでもがそのまま副詞として使えるので、その比較級でも必ずしも more slowly と表現する必要はなく、slower でもよいわけである。

the way とか that way という句は、前置詞なしで副詞句として使うことができる。たとえば、次の文中の that way は「そんなやり方では」という意味の副詞句なのだ。

　　　We'd never get any work done that way.
　　　（それじゃ、仕事にならないよ）

next や last も副詞として使えるし、next [last] week のような句も副詞句なので、in などの前置詞なしで、そのまま使えることは言うまでもないが、all も副詞として使えるので、all my life のような句も、「期間」の前置詞 for なしで使える。

　　　I have waited for this all my life.
　　　（一生、これを待っていたのだ）

「一生」というと、厳密には「生まれてからずっと」ということになってしまうが、もちろん、「かねてより」といった意味を誇張表現したのが all my life である。ついでだが、all one's life を口語化したような all along という面白い副詞句もある。これまでの人生を一本の線に見立てて、その線上で「今までずっと」何かを続けてきた、という心象（イメージ）なのだ。以上のような、前置詞ぬきの副詞句にたとえば「期間」の前置詞でもある for をつけて、for one's life とか、for dear life とすると、がらりと意味が変わって、「命からがら」とか「必死で」という表現になる。この場合の for は「期間」ではなく、実は「代償」（「命と引き換えに」）を表しているわけだ。

最後に、変り種の副詞兼形容詞を例示しておく。それは、語尾に -wise をつけて造る副詞である。clockwise, counterclockwise, crabwise, crosswise, edgewise, lengthwise, otherwise などがそれだが、この方法を使うと、いくらでも造語できるので、悪趣味だという批判もある。（各語の意味はご自分で調べられたし）。

□ 動詞

　ここからは少し駆け足で各品詞を覗いてみるとしよう。まずは動詞だが、動詞で何よりも肝腎だと思うのは、自動詞（intransitive verbs；略してviまたはv.i.）と他動詞（transitive verbs；略してvtまたはv.t.）の区別である。

　自動詞とは、go, run, walk, stop などのようにその動詞一語だけでも、特に主語のあとにくれば、まとまった意味をなすと常識的に考えられる動詞のことであり、たとえば、I stopped. という文の stop は自動詞だということになる。「私は停止した」という意味のこの文に、どこで、いつ、どのように（立ち止まったのか）という状況説明的な修飾を副詞や副詞句でいくら加えようとも、文中の stop は自動詞なのだが、そのあとに、たとえば smoking という名詞（厳密には、動名詞）がきて、I stopped smoking. になったとすると、stop はとたんに変身して、他動詞となる。なぜか。stop だけなら「立ち止まる」という意味だったのに、それが「（喫煙）を止める」という意味に変わってしまったからである。

　この場合、smoking という名詞は、動詞 stop の目的語である、と文法では説明される。逆に言えば、直接に目的語を伴う動詞が他動詞なのだ、ということになる。

　ところで、上の stop のように自動と他動の両方の働きをする動詞は他にも無数にあり、どちらか一方だけの動詞のほうがずっと数が少なく、捜すのに苦労するほどだ。たとえば、自動詞だけの働きをする動詞で即座に思

い出せるのは、faint（気絶する）とremainくらいのもので、逆に、他動詞だけの動詞にしても、soot（煤けさせる）とtop（〜の頂部を成す）の二語しか今は頭に浮かばない。takeでさえ自動詞としての用法（[演技などが] うける）があるほどなのだ。

　このように自動と他動を兼ねた動詞が圧倒的に多いせいか、ある文脈で使われている動詞がどちらの働きをしているかを気にしない人が少なくない。だが、その区別をはっきりつけたほうが便利な場合がある。それは、辞書を引く時に、意味を知ろうとしている動詞が自動詞であるか、他動詞であるかが解っていれば、かなりの手数が省けるからだ。自動詞だと解っていれば、見出し語のあとにviという略号が出ている時には、そこからお目当ての訳語に辿りつくまで順ぐりに見ていけばよいし、他動詞だったらvt略号以下の部分を探ればよいからだ。

　たとえば、enter expendituresのenterを引く場合には、このenterは（直接に目的語を伴っているのだから）他動詞なので、vt以下を探れば、「経費などを記入する」という訳に速く辿りつくことができる。

　ある通訳者の書いた本に次のような記述があった。

>　I rescued from danger or harm him. という英文はおかしいです。I rescued him from danger or harm. という語順にしなければならないわけです。

　もちろん、まったくそのとおりである。だが、これは言わずもがなのことで、rescueが他動詞であることを知っていれば、当然、そのあとに（直接）目的語のhimが来る道理なのだ。この例からも、自動詞と他動詞の区別を強く意識していない人が意外に多いことが解る。

　次は、動詞にも名詞などの他の品詞としての用法があるということを例示しておこう。goを辞書で引くと、名詞として、たとえば、It's a go.（それで決まりだ）のようなかたちでも使えることが出ている。先述したとお

第21章　英語学習の盲点

り、ほとんどの重要単語が「多品詞語」なのである。

□ 名詞

　名詞だとばっかり思っていた単語が動詞として使われることさえ、よくある。その好例が man である。a manned spaceship とは何か。「有人宇宙船」のことなのだ。manned という分詞形が使われている以上、man という動詞が存在するわけで、その意味は「人間が乗り組む」ことであり、有人宇宙船のことを英語では「乗り組まれた」宇宙船と呼んでいることになる。それを「有人」と最初に訳した人は、翻訳とはどうあるべきかを知りつくした名訳者だ。

　もうひとつ、例を挙げておこう。station には「部署」という意味もあるが、それが動詞化して、「配置につける」という他動詞として、They stationed him to the British Embassy in India. のように使うこともできる。(battle station なら「戦闘配置」のことで、Battle station! となれば「戦闘配置につけ！」だ)。

　多品詞の問題とは関係がないので余談めくが、ある推理小説で、証拠をまったく残さずにわが子を殺した父親を警部が名推理でつきとめ、駅の近くの喫茶店で自分が本気で告発すれば、裁判にかけることもできるのだが、あんたは息子さんが凶暴な異常者だったからこそ殺したことも解っているので…と匂わせ、さあ、もう station に行く時間ですよ、と言うと、犯人は「どっちの station ですか」と聞き返す。もちろん、「警察署？それとも停車場？」という意味なのだが、その両方を一語で表す日本語はないので、仕方なく、原文どおり「どちらのステイションでしょうか」と"訳"したことがある。窮余の一策だが、推理小説愛好者なら、署のことを英語では police station ということを知っていると想定できるのがせめてもの救いである。

□ 形容詞

　形容詞にも、能動態と受動態がある。contemptuous（軽蔑する＝軽蔑する態度をとる＝軽蔑的な）と、contemptible（軽蔑できる＝軽蔑されるべき＝軽蔑されて当然な）とが、その最も代表的な例で、語尾が-uousならば、「他人にたいして～的な」という能動の意味になり、-ibleまたは-ableならば、「他人から～されて当然の」という受身の意味になるわけだ。

　それと同じことが、credulous と credible（あるいはincredulousとincredible）；desirous と desirable；dubious と doubtable などについても言える。例えば credulous ならば、「（他人や噂などを）信じやすい」、credible ならば、「信用できる」という意味であり、そこで連想されるのが、It's incredible！（とても信じられないくらいだ！）というお馴染みの感嘆文だ。（credulous など、-ous語尾の能動形容詞は、前置詞ofを伴って、目的語と結びつく。例えば、He is desirous of her. とくれば、少し古めかしいが「その女性を欲し求めている」の意で、She is a desirable woman. ならば、「性的に望ましい女性だ」といった意味になるわけだ）。

　次は、-iveと-ableという語尾をもつ形容詞くらべといこう。suggestiveは「（何か）を暗示する」の意であるのにたいして、suggestibleは「暗示にかかりやすい」を意味する。impressiveは「印象的」で、impressionableは「印象を受けやすい＝感じやすい＝多感な」といったところだが、impressiveの「印象的」という訳はちょっと辞書的すぎて、お座なりの感じがするので、私は「たいしたものだ」などと砕いて訳すことが多い。impressionisticとなると、すこし趣が変わって、「印象主義（impressionism）の」という意味になる。同様に、sensitive（敏感な）と sensible（分別のある）との関係も、反対関係とは言えないので、例外としておこう。

　最後に、-ishと-likeという二つの接尾辞について触れておこう。mannish, womannishはそれぞれ「（女が）男じみた」と「（男が）女っぽい」という侮蔑語であるのにたいして、manlike, womanlikeとなると、「男らしい」「女

第三部　英和翻訳詳論　229

らしい」という普通の形容詞である。なお、like が前置詞として使われている文が疑問文になっている時は、What is Kyoto like? といった語順になるので、注意を要する。訳し方は「京都はどんなところなのか」でよいが、では、What is Kyoto? という疑問文はそれとどう違うのだろうか。「京都というのは、何のことなのか」というのがその訳で、それへの答えは、It is an old capital of Japan. でよいわけだが、第一の質問には、It is a time-honored beautiful city. などと、京都の様子を説明する答え方をする必要がある。こういう場合の like は、やはり前置詞のあの about と似たところがあるわけだ。

第22章　日本語の長短

　「松島、松島、松島」という平板な重複文も、俳人の手にかかれば、「松島や、ああ、松島や、松島や」という名句にたちまち変身する。その決め手は「や」と「ああ」であり、両語とも国語学では「辞」の一種に分類されている。そういう辞を初め、簡単でありながら、文章を引き締めたり、特定の意味を文章に与えたりする働きを見事にこなす語をこの章でまず扱うことにする。それらの語は、日本語そのものとしては長所であるが、日本語にも、あまり意識されてはいない短所もあるので、ついでにそちらのほうに属する語法や語句も本章の最後に採りあげる。言うまでもなく、長所のほうは活用し、短所はできるだけ修正するように心がけよう。ではまず、辞から。

●辞：名詞、動詞、形容詞など、意味が簡単に説明できる言葉を「詞」と呼ぶが、それにたいして「てにをは」などの助詞、助動詞、接続詞、感嘆詞などは「辞」として一括されている。

　概念としては普遍的と言ってよい詞よりも、こうした辞こそが日本語独特の言葉であることは、先の名句からも明らかだろう。

　ハムレットのせりふに、Words, words, words. という「松島や」に似た重複文がある。これを「言葉、言葉、言葉」と訳したのでは、役者はどう喋ればよいのか戸惑うだけだが、このせりふが「何のご本をお読みなのですか」という問いに応えたものだという点も踏まえて、「言葉だ、言葉、言葉」と一語だけ辞を加えて訳すと、とたんにめりはりの効いた文句になるのだから、辞の威力はまさに絶大である。

　Has he come? も「来た？」と一語で訳せるが、辞の「か」か「のか」を加えて「来たのか」とすれば、「予想どおり」または「予期に反して」と

いう含みを響かせることができる。

　もっと微妙で重要な「の」の使い方もある。「真紀子さん、子供をつくらないの？」と三郎が問うと、真紀子が「責任とってくれる？」と答えたので、三郎は返事に窮してしまった。無理もない。三郎の真意は「一生、子供をつくるつもりはないの？」というものだったのに、文末の「の」を聞き漏らした真紀子はてっきり口説かれているものと早合点したわけなのだ。日本語では、たった一語の差であるのに、英語で三郎の質問を表現すると次のようになる。

　　　Aren't you going to have any children all your life?　（1）

真紀子はそれを次のように"聞き違えた"ことになる。

　　　Won't you make a baby with me?　（2）

　（1）と（2）とではまったく違うので、このように英語だったら、聞き違えることはあるまい。片や単なる質問、片や勧誘という根本的な違いが英訳文では疑問の余地なくはっきりするわけだ。

● 「あげくれる；やりもらい」法　：　「あげる」と「やる」はgive、「くれる」と「もらう」はtakeに相当するので、これはgive and take expressionsと英訳できる表現法だ。日本人なら誰でも使っているのだが、翻訳でもこれを活用できれば、主語と目的語が省略可能となるので、文の長さをぐんと短縮できる。

　　　If I let you have that story exclusively, will you do me a favor？
　　　その記事を独占させてやるから、ひとつ願いごとを叶えてくれるかね。

　この延長として「～して差しあげる」と「～してくださる」という敬語的な表現も同様に使える。

● 「体言どめ」など　：　日本語の平叙文は動詞で終わることが多い。とこ

ろが、その動詞の語尾は、過去形の場合なら「〜いた」のように「た」で、現在形だと「る」や「す」や「く」で、それぞれ終わるのが大多数を占めているので、文末に変化がつけにくい上に文章そのものの坐りも悪くなる。そこで、つい「彼はそう言ったのであったのである」などと書いたり言ったりしたくなる。

それを防ぐ方法のひとつが体言どめだ。体言すなわち「もの」や「こと」も含む名詞で文章を打ち切る方法のことである。

  The times are ended, the shadows pass, and the morning begins to break.
  時代は終り、影は去り、今ぞ朝ぼらけ。

「朝ぼらけ」はもちろん名詞である。次は、いったん体言で止めてから、再び文を起こして続ける方法を例示してみよう。

  She said, "How can I thank you enough?"
  I answered flatly. "What I want from you, young lady, is just an explanation."

  (彼女は言った。「どうすれば私はあなたに充分にお礼できますか」。
   私は平らに答えた。「私があなたから求めているものは、お嬢さん、ひとつの説明だけです」)

  女は、「どうしたら充分なお礼ができるかしら」と言った。
   私はずばりと答えた。「お嬢さん、してほしいのは、説明すること、それだけです」

（　）の中の直訳文にくらべて、そのあとに記した意訳文のほうが、一目見たところでは却って分りにくいかもしれないが、せりふとしては短くて、めりはりが効いていることに注目されたい。もちろん、最大の要点は、直訳文の「ひとつの説明だけです」が意訳文では「説明すること、それだ

けです」と体言どめを挟んで二つの部分に分れていることである。

●次は、「です；ます調」の会話文に変化をつけるために、普通の地の文を打ち切るのに使う言葉で文を終える方法である。

　　　…Next thing I knew, this bloke was chatting me up. He was all right at first. I didn't know he was going to come on so strong….
　　　ふと気づくと、その男が話しかけてきていたんです。初めはまだしもけじめをつけていたので、まさかあんなにしつこく迫ってくるとは思いもよらなかった。

ここでは省くが、上に引用した部分に到るまでのせりふは全部、「です」調で終わっていた。それを、ここでいきなり「た」で終止符を打つことによって転調させて緊張感をもたせ、変化をつけたのである。

●伝聞の「そう」：伝聞とは、文字どおり「伝え聞いたこと」である。直接に自分で目撃したのではなく、誰かの口から聞いた話（I *heard* someone *say* that…）なので、英語では伝聞をhearsayというわけだ。しかし、I heard…という表現が使われていなくて、たとえばthey say…のように自分以外の者が主語になってsayとかsaid、あるいはそれに相当する表現が使われている場合でも、やはり伝聞の「そう」が使える。

　　　If it is raining tomorrow morning, they say they will not come.
　　　あすの朝、雨だったら来ないそうだ。

ついでだが、上の例文では、they say が文頭ではなく、未来時制の主文内に来ているので紛らわしいが、意味的には、They say that they will not come, if it is…と同じことだと理解してよい。こういう語法は他にもある。He is the man they said they would like to talk to.（あの人なんだよ、みんなが会って話をしたいと言っているのは）。

上の二つの例のように文中に出てくるthey sayのような挿入部分は、それが挿入であることをはっきりさせるために、（　）の中に入っているも

のと仮定すると分りやすい。

　しかし、（　）に入れるとはいえ、それは副次的な部分であって、「みんなが会って話をしたい」ということだけが第一義的に重要な部分なのだ、と考えるのは早計である。場合によっては、みんなは「会って話をしたい」と言っているだけで、本音はそうではないのかもしれないのだ。だとすると、「と言っている」が最重要の情報であるということになるので、それを省くわけにはいかないわけだ。しかも、このことをよく知っていて、この点にも注意を払いながら読んだり訳したりする人と、そうではない人とがいる以上、情報の受けとり方は人によって違うことになる。

　さらに言えば、人は自分の知っている言葉しか使えない以上、書く場合ばかりか、読解する場合にも、自分が使える言葉の範囲内でしか表現したり、理解したりすることができないので、どんなに深い意味をもつ原文がとびだしても、それを理解できるように、日頃から語彙を増やし、読書や「生きて学ぶ」態度によって理解力を深める訓練を積んでおく必要がある。これはごく当り前のことなのだが、翻訳者たるものの必要条件なので、ぜひ心にとめておいていただきたい。

　なお、ある情報が伝聞であることを示すもうひとつの方法は、文末に「という」をつけることであるのは、言うまでもあるまい。

>　It is said that the government will announce its decision on Monday.
>　政府は月曜日にその決定を発表するという。

● 「から；わけ；なの；こそ」：まず、理由を表す「から」から例示しよう。

>　I was letting myself be persuaded by her. I needed her cooperation.
>　（私は彼女に説得されることにしていた。彼女の協力を必要としていた。）

>　私は女の説得に従うことにした。どうしても協力が必要だったからだ。

第22章　日本語の長短

　上の直訳文だと、二つの文がまったく同格に並んでいるために、互いにどんな関係にあるのか分らず、意味が通じない。それを意訳文のように文末近くに「から」をつければ簡単に「あとで協力してもらいたいことがあったので、まずは言うことを聞いてやった」という意味をはっきり打ち出すことができるわけだ。

　今、使ったばかりの「わけ」も活用すると、文末に変化をつけ、文意をはっきりさせることができる。一般的には、「わけ」は「道理で」と掛けて使われる。

> I had my fly open. No wonder they were all laughing at me.
> ズボンのチャックが外れていたのさ。道理でみんながわらっていたわけだ。

「なの」は主に文意を強調したいときに使われる。

> Oh, it's you! I thought it was somebody else.
> おや、きみなのか。てっきり他の人だと思ったよ。

「こそ」も強調のために使われるが、名詞のあとにくるのが普通である。

> Now it's time to take everything in our stride.
> 今こそ、すべてを冷静かつ大胆に処すべき時だ。

　上の例文は、Now is the time…という倒置法で使われることがよくある。

●次は、過去形で進行してきた文章を急に現在形に変えて、文末に変化をつける方法である。「です」調を「だ」調に変える転調に似た日本語特有の時制転換だ。

> She was in a white gown or robe that reached to her feet. Her hair hung loose to the level of her chest.
> （彼女は足まで届く白いガウンかローブを着ていた。彼女の髪は胸の水準までだらりと垂れていた。）

女は足まで裾が届く白の夜会服を着ていた。髪の毛は胸のあたりまでだらりと垂れている。

　こういう自由な時制転換は、便覧・手引書（マニュアル）では稀にしか使われないが、小説ではお馴染みのもので、「窓から風が入ってきた。涼しくて、ほっとする」がその典型的な例だ。（なお、直訳文中の「ガウンかローブ」という表現は、「彼女の服がガウンなのかローブなのか、作者にも分らない」という含みで「か」が使われているわけではなく、「ガウン」とも言うし、「ローブ」とも言う「夜会用のドレス」であると語意を明らかにするための厳密な表現なのである）。

　なお、過去時制から現在時制への転換は、いついかなる場合でも無制限にできるわけではない。このことは、第14章その2「視点の問題」ですでに例示しておいた注意点である。

● 「なら（ば）；だったら」：これは両方とも条件法や仮定法の従属節の主語に続けて使われる語句なので、英語の if に相当すると言える。したがって、このいずれかを使えば、「もし（も）」という接続詞が確実に不要となり、それだけ文章を短縮できる。

　　If I were you, I would not choose such a course.
　　僕ならば、そんな方針は選ばないね。

　　If it had rained yesterday, I could not have gone there.
　　昨日、雨だったら、とうてい行けなかったろう。

　上の対訳では、「なら（ば）」を反実仮定現在に、「だったら」を同じく過去に、それぞれ使ってみたが、実際には、そうした区別なしに使われている。そこで、きちんと区別したほうがよいとなったら、上例のように、現在には「なら（ば）」を、過去には「だったら」を使うことにすれば、日本語の文法が多少、厳密になる。

　「なら（ば）」は、また、「きみなら出来るよ」のように、仮定というよ

りは軽い条件の気持ちを響かせたい時にも使われる。

●「主語」：日本語では、なぜ主語が省略できるのか。その答えのひとつが辞や敬語の働きによる、というものであることは解ったが、主語の問題でそれに劣らず重要なのは、主題の「は」と主格の「が」との関係である。それはどういうことかと言うと、次の例文を読めば、一目瞭然だろう。

   あの男は背が高い。

上例では、「は」を主題または話題を示す助詞、「が」は主格を表す助詞とみなすのが通例になっているので、それに従うと、上の文は「あの男」に関するもので、その主語は「背」である、ということになる。この法則をよく呑みこんでから、次の長文に目を通して頂きたい。

   MDはブッシュ政権が昨年、ミサイル攻撃から米国を守る米本土ミサイル防衛と同盟国を守る戦域ミサイル防衛を融合させた多層的な防衛構想として推進する方針を表明。

これを読むと、文頭のMDが全文の主題を示し、その次にくる「ブッシュ政権」が全文の主語となっていることが明らかになる。主語をほとんど文頭に置き、そこから五十字も離れた文末にその述語動詞を略した名詞を置くという無理な構文でありながら、文法的な欠陥はどこにもない。よく考えぬいて書かれた新聞の一面記事なので、その点は感心するのだが、はたして何人の人が的確にこの文全体を一目で読み下せるだろうか。そこで少し全文の順序を変えて、その結果を見てみるとしよう。

   ミサイル攻撃から米国を守る米本土ミサイル防衛と、同盟国を守る戦域ミサイル防衛とを融合させた多層的な防衛構想としてブッシュ政権が推進する方針を昨年表明したのがMDだ。

少し微妙なところだが、この修正文とくらべて、頭でっかち、尻でっかちの新聞記事のほうがやはり分りやすいだろうか。いずれにしろ、上のほかにも幾つか修正文が出来る。特に、原文を分割して、二つか三つの文と

して表現し直してみるのも仕甲斐のあることだ。このように、日本語は構文が自由に変えられるという点で、便利な言語ではあるが、それは基準のなさを物語っているとも言えるので、それだけ書き手は（楽に仕事ができるどころか）迷って苦労することもある。

　ここで少し、主語の部分的省略という問題に触れておこう。「俺は鰻だ」という有名な例文は、「俺（が注文したい食い物）は鰻だ」というかたちの省略文として捉えれば、簡単に英訳できるわけだ。省略の問題については、第2章ですでに詳述してある。

　次は、日本語の短所とも言うべきものについて述べる。

●「範疇概念」：範疇とは、分類の仕方、ないしは枠、あるいは部類を指して言う用語で、たとえばペンと紙は文房具の範疇に入る、のように使われる。ところが、日本人と言うべきか、日本語と言うべきか、その世界では範疇の概念が徹底していないうらみがある。二年ほど前、新宿駅の埼京線プラットフォームに「痴漢は犯罪です」という掲示が貼り出されたことがある。

　考えてみれば、これは妙な文章で、痴漢と言うからには、性的ないたずらをする男という意味で、そう解っていれば、「痴漢は犯罪人です」と書くべきで、どうしても「犯罪」を使いたいというのなら、「痴漢行為は犯罪です」としなくては論理的ではないのだ。

　もうひとつ例をあげておこう。今度は、或るPR雑誌に出ていた談話記事である。

　　　　まあ、あんな大きな戦争を日本がするようなことは二度とあってはならない。したがって、われわれの子供や孫が敗戦を経験することはないわけです。

　上の文では、「あってはならない」が「ないであろう」と混同されている。前者は、戦争をなくそうという決意であり、後者は、もう二度と戦争

は起こるまいという判断であるが、この談話者は、決意がそのまま事実判断にすりかわっていることに気づいていない。これも決意または当為と未来の事実という異なる範疇を同一視した論理的誤謬の一例である。

● 「省略的誤解」：拙宅の近くの路上に「公害にご協力ください」という立て看板があった。これは範疇の問題ではなく、省略癖と早呑み込みの問題であり、「公害」とくれば、すぐ頭に思いうかぶのは「良くないこと」であり、良くない以上は「撲滅し、予防すべきもの」なのだ、という意識、いや無意識が働き、それで「公害」という言葉を見聞きしただけで、条件反射的に「防ぐべきもの＝公害」となり、そこまでくれば、あとは自然に「公害（防止）にご協力ください」へと繋がることになる。語呂がよすぎる標語というものの落し穴がそこにある。

　上の例は、日本人のなかには、ポスターの標語や惹句（catch phrase）を読解するのではなく、ただ丸暗記式に早合点しているだけの人がかなりいるのではないか、という疑いを生じさせるものである。

● 「や」という接続詞：「AとB」、「AかB」なら、A and B, A or B とすぐに英訳できるが、「AやB」となると、そうはいかない。辞書には、「並列の助詞」で、複数のものを繋ぐ働きをするのが「や」であると説明されているが、「と」または「か」と区別できる用法を「や」に担わせれば、日本語がそれだけ正確な言語となりうると私は信じている。

　英語に、A and/or B という記号とも句ともつかぬ表記があるが、その意味は、「AとB、またはAかB」ということである。そこでだが、「や」を「AやB」のように使う場合、それは、英語で A and/or B と表記する場合と同じ意味を表す、と定めれば、「と」や「か」と紛らわしかった「や」の用法が確定されるばかりか、おそらく世界でも類のない簡便な接続詞として実効を発揮するにちがいない。

● 「と」という接続詞：「と」は二つのものを繋ぐのに使われる語であるが、次の場合には、それを二回使うようにすれば、曖昧さがそれだけ減

じるはずだ。

　　　　　金の指輪と腕時計とを嵌めていた。

　こうすれば、指輪のほうは金製でも、腕時計のほうは普通のものであることを明示できる。もちろん、両方とも金製品ならば、「腕時計」のあとの「と」は不要とするわけである。

●「のように」の曖昧さ　：　次の文中の「のように」は同文中のどこまで修飾しているのか。

　　　　　私は普通の子供のようにこんな玩具は好きではなかった。

　これは「普通の子供はこんな玩具を好む」と言いたいのか、それとも、その逆なのか、文脈からしか明確には判定できない。そこで、こういう場合には、「普通の子供の（好む）ようにはこんな玩具を好むことがなかった」というように「普通の子供のように」の修飾範囲が「好む」までしか及んでいないことが割りと簡単に分るようにするとよいと思う。英語式に As no ordinary children do, I didn't like such toys myself. と表現して、「普通の子供が好まないように、私も……」と言うことにすれば、「普通の子供と同じに好まない」という逆の意味をすこぶる明瞭に表すことができるが、それは文章美学上、好ましい方法ではあるまい。

●片仮名英語の悪影響　：　ある雑誌で「高度レベルの水準」とあるのを見て、来るべきものがついに来たか、と思った。柳父章氏の「カセット語」理論が皮肉な意味で現実化しつつあるのだ。そのうちにアイロニカルな反語などという人が出て来かねない。片仮名英語は必要最低限に抑えるべきだ。さもないと、結局は、日本語が、特に「詞」が片仮名語ばかりになって、のこるは「辞」だけだということになりかねない。

第23章　最後に大切なこと3題

その1　翻訳は原作者との勝負である

　翻訳の対象となる「作品」は、便覧、小冊子（pamphlet）の類から、童話、絵本、評論、伝記、小説、戯曲、詩などに到るまで、さまざまな分野に分かれていて、以前には特定の翻訳者が特定の分野の作品だけを手がけるという大まかな決まりみたいなものがあったのだが、本の単価が安くなってきたのと発行点数の激増などの理由から、一人で複数の分野にまたがって仕事をしないとやっていけないご時世になった今では、特定の原作者の作品だけを自分の翻訳対象に選ぶことも、まず不可能になっている。それでも静山社の松岡さんのように、或る原作者の作品に惚れ込んだのが機縁で、みずからそれを翻訳して大当たりをとった、というような例もあるので、最初からあきらめずに、自分の嗜好や能力に合った作品か、その作者を求めて、すぐには商品にならなくとも、それを熟読玩味して、語学力すなわち日英両国語にまたがる言語感覚を培うのが理想的な翻訳修業法だと思う。

　好きこそものの上手なりで、自分と相性のよい作家や作品こそが訳し甲斐も、訳す楽しみも増すわけだし、あいにくその作品がすでに翻訳出版されていても、「はしがき」で紹介したN君のように、その訳書を原書と比較することで翻訳のこつをつかむこともできる上に、この難文はどう訳せばいいのかといった具体的な問題意識をもって原文に接すれば、何冊もの翻訳指南書を読むよりも実効があがるはずであり、慣れてくれば、この原文がなぜ、どんな思考過程を経て、こういう訳文になったのかを訳者に問い合わせ、その質問が当を得たものであれば、訳者から回答があって、それがきっかけで訳者と知り合うこともできるかもしれないので、努力を惜しむなかれである。

ところで、よく言われることだが、「翻訳は時間との勝負だ」というのは本当だろうか。「時間さえたっぷりあれば、良質の翻訳ができるものだし、誤訳も防げる」という考え方は、はたして真実を衝いているだろうか。

よほど納期が迫っていたり、訳書の出版予定日までの時間が限られているのなら別だが、そうでなければ、自分の訳稿に満足できるまで、ある程度は期限を延期してもらえることが多いのだから、よほどの見込み違いでもしないかぎり、時間だけとの競争に明け暮れることはない、と言ってよいと思う。仕事の結果が誤訳だらけの悪文になってしまうのは、時間不足よりも、訳者の技量不足か、思い込み過剰による場合のほうが遙かに多いのだ。

とにかく、気脈の通じ合うような作家や作品だけを訳すのが、特に駆け出しの翻訳者にはもってこいの選択であると思われるが、翻訳者としての地歩をすでに築いた人でも、この方針をつらぬいて成功している人が、何かと世知辛い現在でもいる。中村妙子さんがその人で、同氏の訳業の定評が高いのも、ひとつには同じ関心をもって、作風の似た原作と常に取り組んでいるためであろう。

それにたいして、深町真理子さんは、かつて冗談に「分裂症的」と自認したくらい多くの分野にまたがった仕事で成果をあげている対照的な存在であり、現在、多くの翻訳者は大なり小なりその線で活躍していると見てよい。

さて、相性のよい原作者の作品を翻訳の対象に選ぶことの長所・利点のひとつは、その作者独自の表現法や用語法に慣れ親しむことができるので、解読に手間どらず、訳文体も定着させやすいことである。私が主に手がけていた英国の評論家の文体は独特で、コロンやセミコロンが多用され、そのせいで「悪しき文体」と評されたこともあったくらいなのだが、その句読法（punctuation）にいったん慣れてしまうと、コロンなどをあまり使わない英文よりも、却ってすらすらと、歯切れのよい訳文を綴ること

ができたし、その作者独特の言い回しにしても、たとえば「強烈さの一瞬」と直訳される moments of intensity という用語も理解できるようになり、「意識状態の強烈なひととき」などと訳せるようになった。

　しかし、同じ原作者の作品を訳すにしても、ただそれだけを読んだり、訳したりしていたのでは、その文章の特徴を客観的につかんで訳文にそれを反映させることができるという保証はない。他の作家の書いたものも、できるだけ多く読んで、好きな作家の使う英語と、他の作家たちの英語との差異を強く意識できないことには、何が標準英語で、何が特定作家独特の英語文体であるのか、把握できないからである。

　こう書いていくと、標準英語文体とは何か、という大問題に首をつっこむ破目になりかねないので、ごく大まかに言えば、大多数の英語人が同等に使える幻の共通文体――それが標準英語である、といったところだろうか。だが、この問題は、日本語の標準文体とは何かという難問よりはよほど簡単なことなのだ。

　いずれも日本的なるものの代表例と評される川端康成と谷崎潤一郎の文体は、同じ日本語ではあっても、翻訳調と和語調と言えるほどの違いがあり、その対比があまりにも極端なので、両者を足して二で割ったところで日本の標準文体ができあがるはずはない。

　結局のところ、私たち日本人は言語ないしは語法の点で二重生活を強いられていると言ってよい。古来の和語調、あの「辞」を使いこなす日常生活言語と、公式の場で用いられる比較的に新しい言語表現法。その二つは、多くの場合、画然と区別されてはおらず、混然と入り混じっているので、それが二重言語であることを明瞭に認識できないほどなのだ。その混合言語を使いこなして、しかも自然で美しい調和を獲得しようと模索しているのが現代日本語なのだ。少なくとも、そう意識することを、その使い手である私たちは求められている。

　不安定な混交状態にある現代日本語に比べると、英語のほうは、ギリ

シャ・ラテン系統の語彙を採り入れ始めてすでに久しく、そのせいもあって、比較的に安定し、標準文体の理念が少なくとも想定されている。その標準からの各作家の文体の「ずれ」ないしは逸脱の質や程度が日本語よりも探知しやすいのも、そのせいにほかならず、しかも、その逸脱の程度は概して僅少なのである。

□ 文体の訳し分け

　実験文体で書かれた極端な場合はもとより、一般に複数の英語作家のそれぞれの文体を訳し分けることが難しいと言われるのも、以上の観察から説明できることなのだが、ここで、それとは反対の経験を私がした時のことを述べておこう。

　チェスタートンやクリスティーなど、いわゆる黄金時代のお歴々が一冊の長編推理小説を交代制で書き継ぐことによって仕上げた「リレー小説」を訳した時、各担当作者の文体を訳し分けしすぎると、全体の調和が崩れるおそれがあったので、意識的には訳し分けを心がけず、できるだけ各作者ごとの原文の流れのままに筆を進めたところ、発刊後、担当の名編集者M氏から、意外な評言を頂いたのである。「各執筆者の文体の特徴が旨く訳し分けられていますね」。

　これは何を意味するのか。書き継ぎ（リレー）形式だったため、各作者が自己流の文体を極力、抑えて書いてくれたおかげで、訳者としてはごく自然に作者から作者へと何の抵抗もなく訳し繋げることができた上に、結果的には、作者ごとの文体の微差がにじみ出る訳文を綴ることも可能になったのであろう。

　語学力＝翻訳力、ひいては、語学と文芸の合一というごく当たり前の理念に思い到ったのは、上記の経験をきっかけとしてのことだったのである。語学的に精密、的確に原文をなぞれば、おのずから原文の文芸的本質をあぶり出すことができるというこの考えからも、私の言う語学力とは、いわ

ゆる語学とは多分におもむきを異にしていることがお解りいただけよう。

　簡単に言えば、それは全体感覚的な、強烈で鋭敏な言語感覚にもとづく言葉術、とでも言えばよい何かなのだ、と私は想像している。

　私は「意思伝達（コミュニケイション）としての翻訳」という地点から出発して、感動と実在感、そして形式美と充実の調和的合体をめざす「力ないしは生気の表現としての翻訳」の方向へと進んできた。言い換えれば、正確さと整合から深みと熟度の自然な流露をめざす境地へと徐々に移行してきたのである。

　もちろん、私は名人でも達人でもないが、解読の喜びと文章表現の苦楽を通じて、ひとつの原文にはひとつの適訳文しかありえないという理想をめざしてほとんど無我夢中で仕事をしているうちに、齢70にして言葉を使うということがどういう営みであるかが解りかけてきた一学徒にすぎない。

　私事はそれくらいにして、先の話で、ひとつの指標となるのは、例えば作中人物のせりふを訳すのに、いかにもそれらしく「真に迫った」効果を狙いすぎるあまり、べらんめえ口調などを使って、徒に崩したり、砕いたりはせず、素直に原文の調子や音律に従って、それを何とか日本語の語彙、語順、律動などで訳文に反映させようと工夫をこらせば、ある程度は原文または原作者の文体を再現できる、ということである。

　それほどまでに英文体にこだわっていたのでは、真に日本語的なるものが失われる結果になると危惧するのは杞憂であることは、「語学力」についての先の私見からも明らかであろうし、「日本語の長短」の項で説明した「辞」などの和語や、擬態語・擬声語の数々が日本語の独自性を守護してくれるものと私は信じている。

□ 原作者との勝負

　ところで、「翻訳は時間との勝負なり」というあの考え方に戻って、そ

れを私なりにもじって言えば、「翻訳は原作者との勝負なり」となる。なぜか。その理由を少し説明しておく。

原作者や、その作品との相性がよく、気脈が通じ合い、まさに波長が合ったという表現がぴったりする場合には「共調」関係が成立しているわけだが、実際には、原作者の人生経験や想像力のほうが訳者より豊かな場合とその逆の場合とがあり、第一の場合は、訳者泣かせの辛い仕事となり、特に原文理解の段階が苦しく、語学以外の事典や参考図書に頼る度合いが大きくなる。その逆の場合には、訳者が作者を呑んでかかることができて、文体上の工夫も僅かで済むわけだが、そのために筆がすべったのでは却って仇になる。

特にそういう作者の作品が翻訳者としての初仕事となった人は、第二作目では、それが別の作者による難解な作品である場合、よほど気をつけてその依頼作品の内容を確かめてから、引き受けるか否かの決定をくださないと、あとで音をあげることになりかねないので、注意が肝腎である。

その2　誰のために訳すのか

本格的に翻訳をしてみようという人の動機はさまざまだろう。英語を自由に使いこなせるようになるための手段のひとつとして英和や和英の翻訳を学ぶ人、大江健三郎氏のように新しい日本語文体を模索して仏和翻訳を試みる人、老後の趣味のために手すさびに英文俳句でもひねってやろうと英作文を習う人、そして、生涯の職業として翻訳家を志している人。そのなかでも、本書のような「翻訳本」を買い求めて読もうとする人の大半は、生涯もしくは差し当っての生活手段として翻訳の仕事に就きたいと思っている人たちであろう。

そういう人たちは、産業翻訳の分野で働きたいと思っている人と、文芸翻訳家として身を立てようとしている人とに二分できるはずだ。そこで、本書としても、できるだけ産業・文芸の別を問わず、いずれの志向にも適

第23章　最後に大切なこと3題

用できるような内容のものをめざしてみた。しかし、それは、文芸翻訳者だった私としてはかなり難しいことなので、その旨、編集の竹下氏にあらかじめ諮ったところ、その点にはこだわらず、基礎的な英語学習を修了ずみの翻訳志望者で中級程度の実力をもつひとたちを対象に書いてもらえればよいとの返答を得た。したがって、本書の説明内容も、用例も、文芸的なものの方に比重がかかってしまったことをここでお断りしておくが、本項では、まずは実務翻訳のことから話を始めよう。

□ 実務翻訳の鉄則

　何よりも迅速さを要求されるたぐいの実務翻訳や同時翻訳には、いわゆる「サイトラ」訳法（いわば「見とり訳法」）が実効を発揮する。そこで、その好例を「頭から訳す技法」の章で引用しておいたわけだが、一般の文芸翻訳では、この訳法は全面的には応用できない。というのは、「サイトラ」は、原文解読の段階では即効があるものの、日本語による再表現、あるいは「和文和訳」と「決定訳」いう第二、第三の段階には、それとは違った方法を使う必要もあると思われるからだ。

　何はともあれ、ここでは、実務翻訳でも特に私のような門外漢の目にも触れやすい便覧の場合を例にとって、翻訳の第一条件とも言うべき点について述べる。それはごく当たり前のことなのだが、うっかりすると、つい意識の外にすべり出るおそれの多い盲点のようなものだからだ。

　便覧を翻訳する場合には、その中に書かれている操作法や手続きなどをどの程度までよく翻訳者が熟知しているかが、出来栄えの良し悪しの決め手になる。新製品や新企業や新技術をその使用者に伝えることを目的としている冊子や便覧は、何よりもまず、さまざまな知能水準の使用者が読んでもすぐに理解できるものでなくてはならず、そのためには、書き手や訳者自身が、手がける資料の内容を深く知っているほど、よい取り扱い説明が書けるからだ。

つまり、「使う側、読む人の側に立って、仕事をする」ことが便覧などの訳し方の鉄則なのである。

　私は語句処理機（ワープロ）を使いこなせずに電脳（パソコン）に鞍替えした機械音痴だが、処理機の操作に手こずったのは、書式（フォーマット）の設定が、いくら便覧を読んでも満足にできなかったからだ。

　たとえば、ある用語の意味が理解できず、索引でその語を調べようとしても、出ていないことがちょくちょくあったのは、便覧の書き手のせいではないかもしれないが、もし書き手か訳者が懇切丁寧に本文を書いていたならば、そもそも索引を調べる必要はなかったろう。

　今は電脳でこの原稿を打っている私だが、電脳を多少は使えるようになったのは、普通の手引書のおかげではなく、電脳に関しては素人の、ある漫画家がまさに使用者の代表としてみずから書いた解説書のたまものなのである。たぶんその漫画家は既成の手引書を参照しながら自分でためしに電脳を操作してみて、どうにも満足できる結果が出なかった場合に、たぶん専門家の助言を仰いで、その難関を突破した実地経験にもとづいて自分で解説を試みたからこそ、ずぶの素人である私にさえ理解できる「読み物」として、技術指南の書をものすることができたのだろう。

　もちろん全部がとは言わないが、少なからぬ数の手引書の作者がろくに用語の説明もせずに、ただ書き手自身にだけ解りきっていることを何の顧慮もなしに自分の知っている言葉の範囲内で書いてしまうことしかしないために、多くの使用者が電脳学校通いをしなければならないのが実情なのではあるまいか。

□ readableな訳文を

　ちょっと前に私は「読み物」という表現を使ったが、すべての書き物は或る意味で読み物なのだ、という自覚を訳者や書き手がもつことが望まし

いと思う。この場合の読み物とは、もちろん、物語という意味ではない。それは英語で言うreadabilityのことであり、readableとは単に「読み易い」ばかりではなく、「読める」すなわち「読みごたえのある」に近い意味をもつ、と理解してよい言葉なのである。

　ただ読みやすいだけの文章ならば、誰にでも書ける。難しいのは、こみいった難しい内容でも、それに見合った努力をして、きちんと読解できる文章を綴ることなのであり、このことは、産業翻訳のみか、文芸翻訳を含む翻訳一般に適用できる大原則でもあるのだ。

　文芸の世界では、創作、翻訳の別を問わず、まず要求されるのは、そういうreadableな文章で作品が書かれていることであり、如何に壮大な物語でも、それを「もの語る」声または文章が聞き取ったり、読み取ったりするに値しないものだったら、初めから問題にならないことは、わかりきった常識になっている。

　ところが、それが産業翻訳の世界ではもちろんのこと、学術の世界でも完全に守られた大原則になってはいないきらいがある。よく言われることだが、たとえば経済学の訳書をきちんと読もうとするならば、座右にその訳書の原書を用意しておいて、常にそれを参照しなければ、ほとんど読解できない場合がある、という笑い話のような実話が少なくとも近年まで囁かれていたものだ。今では、それが誤訳退治の名人・別宮貞徳先生の奮闘によって完全な昔話になっていることを望むばかりだ。

□ 学術専門用語的表現はほどほどに

　それで思い出したのだが、日本の学者による「研究」は事実の紹介と羅列ばかりで、事実を整理・統合して、ひとつの体系なり、理論なりを編み出す力が欠けている、と外国で批判されていると、先に紹介した米原万里さんの文章で読んだことがある。そもそも日本と西洋では「学問」のあり方が違っているのだ、と言える面もあることは否めないが、舶来の「科

学」を研究することを本職にしている洋学者までが理論を構築することが不得手だとしたら問題だ。

　もしも学者が、その「研究」の土台である洋書をいくら読んでも、簡単に読解できるのは年代と固有名詞と具体的な出来事ぐらいのものなので、事実を述べ立てることはできても、みずから理論を編み出すことはできないのだとしたら、それは、推理的思考力と論理操作能力が要求される理論構築の過程やその結果を本当に理解できるほどの語学力がまずは不足しているためではないか、という疑いさえ生じる。

　これは何も経済学や政治学に限ったことではなく、私たちにとってもっと身近かな領域である英語教育関係の仕事であっても、例外ではなさそうな問題なのである。たとえば、今、手元にある英文法の参考書を任意に開いて見ると、「五文型のうち、動詞が目的語をとるものが受動態を作る」とある。これは理論ではなく、規則（rule）の問題なので、話はもっと簡単なはずなのだが、その項目にはこれだけの定義しか出ていない。これだけの説明で、この規則がどういうものであるか一目で理解できるのは、すでに英文法に通じている人だけだろう。

　その文法書の著者にとっては当たり前のことなので、すらすらと上の説明文が書けたのだろうが、初めてこの規則に接する読者のことを考えていたならば、「五文型のうちで、動詞が目的語を伴っている文型の場合には、その文は受動態に変えることができる」というように自然な日本語を使って表現していたろう。隠語的専門語（jargon）の乱用は、自立主義的教育の理念に悖る悪弊のひとつである。（「自立主義」とは私自身の勝手な造語で、しいて言えばdemocracyの訳語である）。

　ここで便覧の話に戻ると、特に電子機器についてくる便覧の類に、お座なりのものが少なくないのは残念なことなので、便覧の書き手にも、表現上の工夫はもとより、これだけは何としてでも収録させてくれないと意を尽くすことができず、読者に失礼になるからと業者側を説得するくらいの

「職人気質」をもってほしいものだ。

　私の知人で和英の便覧翻訳を手がけている男性がいるが、彼は自分の訳稿を絶対視せず、原稿料の何割かを支払って、英語人（いわゆる「ネイティヴ」）に校正してもらうという良心的な仕事ぶりで生計を立てている。先に述べた索引の問題にしても、本書では、できるだけ完備した索引をつけて、読者の便に供することにしてある。

　この章の初めに私は「読む側の身になって訳文を綴れ」という意味のことを書き、便覧の訳であっても、それは「読み物」でなくてはならない、とも述べたが、それを一口で言い直せば、翻訳者も創作家なみに「文章作法」を徹底的に身につけよ、ということにほかならないのだ。

　本書で私は、"語学"力＝翻訳力という等式を立てておいたが、そのことと、上に述べたことを結びつければ、翻訳とは、英語という暗号の解読作業と、日本語の文章術駆使とが一体になった時に最高の成果をあげる仕事であって、さらに言えば、英文の解読という、どちらかと言えば論理一点ばりのものと思われがちな作業のうちにもすでに日本語力の要素が絡んでいるということは、先に例示したとおりである。

　さて、本に書かれた文章は、日常会話のそれとは違って、神聖なとさえ言ってよいほどの権威をもっていると少なくとも一部の一般読者には思われていることを忘れてはなるまい。それほど活字を絶対視してきた人びとが本を読んで理解できないと、それは、偉い人の書いたものなのだから、解らない自分が悪いのだと思いこんで、読書をあきらめてしまうことが大いにありうる。そういうことのないように、私たちの訳文も、それなりの努力をすれば読めるものとなる工夫を施すことが肝腎だと思う。

その3　補足事項

　これまでに書き漏らした具体的な指針をここで幾つか補足しておく。

□ 「芋づる式」適訳語発見法

　まずは、ひとつの訳語から連想方式によって、その類義語を順次、念頭にうかばせて、ひとつの原語に当てはめられそうな訳語の選択肢の数を増やす方法について述べる。当てはまりそうな訳語が多いほど、それらの候補訳語のなかから最も適当な訳語を選べる確率が高くなる道理であることは言うまでもあるまい。

　例えば、conditionの一義の訳語として先ず考えられるのは「状態」だが、それがいつも最適訳だとは限らない。そこで「状態」という語から芋づる式に「体調」「調子」「具合」など、さまざまな類義語を連想することができれば、訳表現の可能性がそれだけ豊富になるというわけだ。

　part and parcel という句は、基本的には「重要な部分」と訳されることが多いが、「重要」とくれば「要点」が連想され、そこからさらに「肝要な点」や「肝どころ」などが導き出され、少し連想の方向を変えれば、「眼目」が現れ、それに引きずられて「主眼」も連想される。いずれも、part and parcelの訳語として使える日本語である。（ここからさらに連想の「芋づる」は長く伸びるのだが、この先を知りたい人は『新編・英和翻訳表現辞典』の part and parcel の項を参照されたい）。

　もし上のような連想が自力ではうまくいかない場合には、日本語の類語辞典のお世話になればよい。私が座右に置いている類語辞典は「角川」版なのだが、それで「勘所」（「肝どころ」と同じ）を引くと、「脈所」から「利き所」を経て「骨子」などまでが類語として出ているので、少なくとも記憶を補佐する働きをしてくれる。

　但し、同辞典の引き方には一寸した「こつ」（骨）が要る。正攻法で引こうとすると、99もある項目から一つを選んで、その項目中からまた一段階下の小項目を見つけ出し、そこでやっとめざす見出し語にめぐり合うこ

第23章　最後に大切なこと3題

とになるのだが、私はこの方法で同辞典を引いたことは一度もない。どのように引いているかと言えば、例えば夕暮れ時の景色のことを一語で何というのかを知りたい時には、すでに知っている「夜景」という類語を索引で引いて、それが出ている頁数を調べ、その頁のあたりを探してみるのだ。そうすると、「暮色」という語が出ているので、これだと思ってその語義を見ると、「夕暮れの景色」とある。これがこの辞典の最も手っとり早い引き方である。

□ 漢語表現の活用

英語ではtoday一語しかない「きょう」のことを日本語では「本日」とも「今日」（こんにち）とも言う。漢語のおかげで同義語が豊富に存在するのだ。和語では「一日じゅう」というところを漢語で表現すると「終日」となり、「のちほど」も「後刻」や「後日」と（それぞれ違った意味で）表現できる。「のちほど」の英訳であるlaterを小辞典で引くと、「あとで」くらいしか出ていないので、こういう指摘も無駄ではあるまい。

同様に、every dayは「連日」とも訳せるし、every other day（一日おき）も「隔日」と訳せば、文語体の文章にはふさわしい訳語となる。げに漢語表現は、ゆるやかな和語の世界にくっきりとした輪郭と、てきぱきした歯切れと区切りのよさを付与する刺激剤なのである。「勝って、勝って、勝ちまくり」も四文字漢語で表現すると「連戦連勝」と引き締まる。日本人の精神文化の源がいくら古代の大和言葉にあろうとも、現代に生きる私たちは漢字漢語との縁を切るわけにはいかないのだ。小林秀雄の『本居宣長』の泣き所である。

□ 和語の活用

前項の論旨と矛盾するようだが、現代日本語は漢字漢語に頼りすぎているように思われる面がある。本書で挙げた訳語を例にとれば、impressive

をいつも「印象的な」と訳すのは実質対応の原理に反する形式主義と、漢語表現を安易に転用した明治時代の造語法のひずみをいまだに引きずっている不適訳である。それが証拠に「印象的」は一種の常套句に成り下がっているではないか。それよりは「たいした（もの）」と和語訳したほうがよほど「印象的」であろう。

「メカニズム」という片仮名英語と「からくり」という和語とは同義語であると言ったならば、一驚する人が多いのではないか。だが、「からくり」とは「機関」とも書くことからすでに明らかなように、まさしく「仕掛け」を意味する言葉であって、そこから「仕組み」までは一歩なのだ。例えば「殺人の心理的メカニズム」という抽象的用法を「殺人の心理的からくり」と言い換えたのでは何となく落ち着かぬと言う人でも、ちょっと語順を変えて「殺人心理のからくり」と表現すれば、なるほどと納得するはずである。

graceful は「優雅な」とか「上品な」といった漢語を含む日本語に訳されることが多いが、実感としては「しとやかな」や「たおやかな」というような和語こそこの英語にふさわしい訳語ではあるまいか。動詞 overwhelm にしても、「圧倒する」が圧倒的に多用されている訳語だが、例えば overwhelming questions を「圧倒的な問題」と訳しても、実感が湧いてこない。これもやはり「のっぴきならぬ問題」といった和語で訳表現してこそ生きてくる英句なのである。

それが適訳なのに、なぜそれを使わないのか。その理由は明らかだ。字義的にはそれは「進退きわまった」とか「もう抜け出せない」ということなので、それに相当する英語は inescapable や unavoidable であって、overwhelming ではないと杓子定規に理詰めな判断しか下せず、本書の主題の一つである「言葉の息づかい」すなわち「語勢の意味」というものを無視しているためにほかならない。言葉は辞書的定義のみによって生きているのではない。むしろ、「義」や「理」を超えた「響き」こそが言葉の生命なのである。

第23章　最後に大切なこと3題

　日本語はやはり日本人の呼吸そのものであった大和言葉によってしかその真骨頂を十二分に発揮することができぬのではないか。

　英和辞典にせよ、日本類語辞典にせよ、和語よりは漢語の表現を訳語や見出し語として挙げている場合が意外に多い。この現状を改善するには、ひとつには本書で強く訴えた「和英発想」による英和翻訳などによって、今後は漢語よりも和語を訳語に使う翻訳法を普及させ、少なくとも漢語に頼る度合いを減らして、和語と漢語の釣り合いをほどよく保つ必要があると思う。この場合の「和英発想」というのは、もちろん、「日英発想」ということだけではなく、とりわけ「和語からの発想」による英日翻訳の意である。

　その実例を、ただひとつ「のっぴきならぬ」からoverwhelmingの新訳語を思いついた一例のみにとどめず、もうひとつ披露して、この項を閉じたい。それはcareという語の訳し方である。

　careは「心配」とか「気苦労」と訳されることが多いが、基本的には和語の「思い」に相当するとみなしてよかろう。「思い」や「思う」はさまざまな場合に使われる多義語なので適用範囲が広い。ある宗教詩に次の一節があるが、その中のcareはどう訳せば最適だろうか。

　　　　　Teach us to care and not to care...

　これを「思うて、しかも思わぬすべを教えたまえ」と訳した人がいたが、その人は第一の「思う」に「心にかける」という意味を担わせ、第二のそれに「くよくよする」といった意味をこめていたのだろう。しかし、それだけでは、日本の読者には少々不親切なので、私はこう訳した。

　　　　　思い、かつ思いわずらわぬことを教えたまえ…

　そう訳すことによって、careの訳語がひとつ増えたのである。増えたのは、もちろん、「思いわずらう」という和語による訳し方である。このように複合動詞も利用すれば、基本的な和語を英和翻訳に使える度合いがぐ

んと増すだろう。

□ 語源知識による語感把握

　preposterous という英語は面白い。pre- は「前」、post- は「後」を意味する接頭辞であることは先刻ご存知のはずなので、この単語全体で「前が後ろに」といった意味になることもたやすく理解できる。しかし、「前後を知らぬ」は「前後不覚」のことだが、この英語はそれとは少し意味が異なり、「全く理不尽な」とか「とてつもなくばかげた」という意味を表す。ひとくちで言うと「べらぼうな」といったところである。とにかく、やたらに語勢が強い英語なので、それに見合った強い調子をひびかせる日本語をもってくる必要があり、そうなると「べらぼうな」とか「全くお話にならない」のような訳語しかあてはまらないのだ。ひところ流行った「ナンセンス！」に近い感じの英語がこの preposterous なのだ。

　condescending も語源を知っていると意味や語感がつかみやすくなる英語の代表例である。まず語源解剖してみると、descend は「降りる」「下る」といった意味で、con- は「一緒に」とか「共に」から、この場合は「同一平面上に（降りてくる）」を意味しており、簡単に言えば、「へりくだる」が語全体の意味なのだが、「へりくだる」には悪い意味はない。そう言えば、condescending にも良い意味で「謙遜している」や「腰を低くした」と訳せる場合はあるが、第一の意味はあくまでも「恩着せがましい」とか「わざと親切にする」といった感じなので、「無理に調子を合せている」とか「優越者の態度を崩さずに」などと訳せる。

　語源的に言って「恩着せがましい」にぴったり当てはまる英語は patron（パトロン）から来た patronizing なので、condescending 特有の訳語は「憐れみを垂れているような」とか「相手の身分に合せて」といった上下関係を意識させるものでなくてはなるまい。その意味では、「わざとらしくへりくだって」あたりが最適ではなかろうか。

The general talked to the private in a very condescending manner.
将軍はわざとらしくへりくだった態度で兵卒と話をした。

　bring *someone* to a showdown を「人を引きずり下ろして、さらし者にする」と訳した人がいたが、それは語源を自己流に解釈した誤訳であって、showdown とはトランプのポーカー・ゲームでもう賭け金を吊り上げる人がいなくたった時に、全員が手持ちのカードをテーブルの上に置いて見せ合い、勝敗を決めることを言い、一般には「対決」と訳されている。それを bring *someone* down and show him up のように思いなして、「引きずり下ろして、さらし者にする」と訳すとは、また念の入った語源解釈に基づく誤訳もあったものだ。

　一般に、語源を知っていると、多義の英語の一つ一つの意味を十派一絡げに記憶できる場合が少なくない。例えば、charge という多義語の語源は、「荷物」を意味する cargo と同じなので、「お荷物」すなわち「負担」という意味合いから「担当」や「担任」の意が生じ、電池を充電するのも、銃に装填するのも、一種の「荷」もしくは「負荷」を電池や銃に積みこむ（詰めこむ）ことなので、充電も装填も英語では同一の charge 一語で用が足りるというわけだ。

　しかし、あまり語源にこだわるのも考えものなのである。「くだらない」を意味する trivial の語源は「道が三つ」という意味で、昔、三叉路で女の人たちが井戸端会議ならぬ「T字路」会議をやっていたことから、trivial が「取るに足らない」ことを意味するようになった、というようにごく間接的な関係しか現代語と語源の間にない場合や、現代語の意味がその語源の意味と正反対に近い場合（queen の語源的意味は「女・妻」で、特に quean と綴ると「あばずれ」のことだった）さえあるのだから、あまり語源に頼りすぎた記憶法は却って負担の増加につながるおそれがある。

修了試験

　最後に、総仕上げの演習として、本書で説明した段階的翻訳術を応用しながら次の英文を「翻訳」して頂きたい。文意がかなり簡単に汲みとれる文章なので、それを解りやすくてしかも警句らしい機知と文章美が感じられるような寸言に訳すことが、この演習の眼目である。(訳例は「解答」に)

◆ A married couple are well suited when both partners usually feel the need for a quarrel at the same time.

　ついでに、これは翻訳力と言うよりはむしろ「新語学力」の総合試験と言ったほうがよいかもしれない面白い難問をひとつ。これは西南大学の入試に出た問題である。

◆ 次の三つの英文中の（　　）を同一の英単語ひとつで埋めよ。
　(1) Some are wise and some are (　　).
　(2) He is noisy, but (　　) a very nice boy.
　(3) I sent a letter to him；(　　), he would have worried about me.

【解答への鍵（ヒント）】
　(A) 答えとなるひとつの単語は三文の内の一文中では他の一語と韻を踏んでいる。
　(B) どうしても解けそうになかったら、第(3)文の前半と後半を和訳し、両方の訳文をきっちりと結ぶことのできる日本語を考え出して、それに相当する英単語（副詞と形容詞とを兼ねる「多品詞語」）を何が何でも見つけ出せば、それが解答となる。

　　［註］「韻」とは、語尾の発音が二語かそれ以上の数の単語で同一になるように語や語要素を配列すること。その例：helter-skelter, slow flow.

むすび

　もし本書の帯に印刷するblurb（広告文）を私が書くことになったら、こう書いたかもしれない。

　英語学習の盲点から翻訳の妙手まで、日英両語を又に掛けて論じつくすことを目的とした理論と実践の一冊。緻密な構文分析と大づかみの意訳の間を行き来する正確で大胆な「新語学」の方法を説く。

　この調子で書いてゆくと、手前味噌をいつまで続けるのかとお叱りを蒙りそうなので、普通の調子で総まとめと行こう。

　翻訳の指南書を読むと、技法やルールが適用される用例文だけを問題として、その訳し方を指南しているのをよく見かけるが、用例文の前後、すなわち文脈の中にあるものとして、用例文を捉え、文脈とのつながり具合まで考慮した訳し方を伝授してくれる本はそう多くない。

　概して、語句や節や段落は、それ自体としてだけでは充分に存立できないものであり、いくらそれが読みやすく流暢に訳されていても、文脈としっくりつながらなければ、読者は却って迷惑してしまう。例えば、次に引用する節で始まる文章の全体が少し込み入っているというだけの理由で、その節を文頭から文末に移して訳すべし、と指導している本があった。

　　　　　It is something I always notice when…

　その本では、when以下の長い部分を先に訳して、「そんな時」とまとめて「そんな時、いつも気がつくことがある」と上の一節が訳されているのだが、これがThere is something I always notice when…であって、when….で終わる段落の次にくる段落が「いつも気がつくこと」の内容を書いた文で

むすび

　始まっていれば、この訳し方が最適訳となる。ところが、実際にはItで始まっている以上、この節は既述の何かを受けていると解読するのが通例なのだ。

　Itでも、すでに書かれたことではなく、これから書くことをあらかじめ指し示す（thisと同様の）用法もあるので、このことは断言できないのだが、問題の本の著者は用例文を挙げているだけなので、その前後にはどんな文章または段落がきているのか、原書をもっている人にしか解らない。そこで、この著者が少なくともここでは文脈というものを考慮から外していることは確かなのである。

　こまかな技法の習得も大事であり、本書でも技法の勘どころはきちっと押えておいたつもりだが、個々の技法と同じかそれ以上に大事なのは、語句と語句、節と節、文と文など、さまざまな組み合わせの相互関係なのであり、それを鋭敏に意識することを私は「全体感覚」という第一原理に含ませ、かつ「文脈」という一語をその要語としてきたのである。むろん、「相性」の問題もこれと絡んでいる。

　英文は基本・標準文体が日本語より確定されているせいもあって、そこからの逸脱である新しい表現、特に語句と語句などの新しい組み合わせが自由かつ数多く作られて、たえず読者に新鮮な印象を与えている。ところが、多くの翻訳指南書は、既成の長い英文を用例として訳し方を伝授しようとする。それでは、これから次々に出てくるであろう新しい語法の英文に対処できるようにするという最も重要な課題に充分応えることはできないと私は思う。

　そこで、用例としては、表現の精髄といってもよいような短文を主に挙げて、自由な訳し方のぎりぎりの基本、どのような新しい英語法にも応用できるようなguide lineの設定をめざして本書を書いてきたのである。その意図を読者が汲んで下さって、本書を本当の意味での"参考書"として扱って、「自己発見」学習のための出発点として活用されることを私は望

んでいることを念頭に置いて頂きたい。

　要するに、本書は手引き書でも、rule bookでもなく、自分なりの流儀で英文を訳すためのヒント集であり、可能性を開拓するためのダイナマイト起爆剤なのである。

　ここで話を数節前に戻すと——個々の技法もまた単独で存立できることは稀であり、一つ技法を用いれば、たいがいは他の技法に「皺寄せ」が来て、絡み合ったり、排除し合ったりする。この現象をわたしは「絡み合い」もしくは「巻きこみ」と呼んだのである。以上が第一原理の大まかな要約にほかならない。

　本書の第二原理は「意味内容と表現形態」である。原文が読者に伝達しようとしているぎりぎりの内容が「意味内容」であり、その伝達内容がどのような形で表現されているかということが「表現形態」である。つきつめれば、両者は不可分なほど密接に結びついているのだが、別個のものとして扱ったほうが説明しやすいので、分けて考えてみた。

　先ず、意味内容を把握するのが「解読」作業であり、その結果は「直訳」文として現れる。この直訳と原文の双方を見くらべて意味と表現の交錯を吟味して、その「味わい」や「手ざわり」、文の「あや」や「めりはり」をたっぷり享受・鑑賞しおえたところで、本当の意味での「翻訳」にとりかかり、直訳文を出発点として、それを「和文和訳」することによって、「中間訳」を幾つかつくり、それを仲介として「完訳」もしくは「決定訳」に辿り着く。

　以上の過程を全部意識的に踏んでいたら、翻訳の能率が上がらず、時間ばかりかかって仕事にならない、ということになりかねないが、慣れてくれば、ほとんど一気にこの過程をこなせるようになれる。それまでの予備的な研修としてこの過程をこなすことが一種の本能になってしまえば、あとはすっかり身についた芸としての能力をもって仕事を片づけられるのだ。

むすび

　少し飛躍するが、一語で言えば、技術的には「適語適所」が翻訳文章術習得の目標であり、原文への接し方としては「不即不離」の態度が必要だ、ということになる。この「不即不離」の枠内にとどまる限りにおいてという条件付きで、自由自在に訳文を綴ることが結局は、真のダイナミック実質対応の迫力ある名訳を生み出す「こつ」なのである。これが第三の原理にほかならない。

　要は、翻訳という作業は、一にも二にも「言語感覚」の練磨という意味での「語学」につきるのであり、従来の語学が直観や習熟、修辞法や意味論的方法論を無視したものであったのにたいして、それらや、分析＝総合の能力をも加味したこの語学は、まさに「新語学」と呼んでもさほど見当違いではないのではなかろうか。

　翻訳をもし芸術と呼ぶことができたとしても、それは畢竟、妥協と折衷の芸でしかないのだが、それには創作とは違った意味で創意工夫が要る。その工夫が積み重なって翻訳（者）の文体となり、それが原作（者）の文体と調和・共鳴すること大であれば、（翻訳）作品として晴れて通用することができる。翻訳書が作品の名に値するものであるか否か——それを判定する翻訳批評が、かつての『季刊・翻訳』時代や『翻訳の世界』隆盛時のように、再び、いや面目を一新して——新旧交代の甚だしい現下の翻訳界に不変不動の定点として灯台の役目を果たすことを切に望むものである。

＊

　「はじめに」で紹介したサン・フレア社の竹下氏に、まず、本書を依頼して下さったことにたいして、そして、本書執筆中にも参考資料と暖かい督励を惜しみなく寄せて下さったことにたいして、深甚なる謝意を捧げるとともに、日外アソシエーツ社の尾崎稔氏にも、校閲の仕事と、有用な索引の作成とを引き受けて下さるなどのご支援を頂いたことに衷心からの謝辞を述べさせて頂く。

英語についていつも往復書簡をやりとりしている大分県の重光啓二氏には、本書で使った用例文を幾つか提供して下さったことに、厚くお礼を申し述べたい。

　最後に私事を一つ。本書をもって、私の翻訳指南書執筆は打ち切りとする。何か新しい発想が浮かんだ場合には、言語論などの一環として発表したい。翻訳そのものの仕事は、後進育成のための共訳を除けば、精魂こめて打ちこめる作品にめぐりあったならば、続けることにする。

　願わくは、日欧や日米の精神文化の対峙状況ないしは東洋対西洋の軋轢が破滅の大事には到らずに、最小限の犠牲で新路線へと切り替えられ、新千年期が歓びと実りの時代（era）となりますように。

　　平成十四年秋

著　者

解　答

【158頁より】

　　　Freedom! He was his own master at last. From old habit, unconsciously <u>he thanked God that he no longer believed in Him</u>.

下線の部分が正しくは次のようになる。

　　　もはや神を信じてはいないことを、その神に感謝していた。

【163頁より】

on the plump side	（どちらかと言うと）ふっくらした方
overcharged loins	充血した股間部
More of this later.	これについては後で詳述する。

He gives a lot to charity — with one eye on the peerage.
　　　　　彼は多額の金を慈善事業に寄付している——爵位獲得に色目を使って。

to keep things hushed up
　　　　　揉み消しておくために

what it would be like to commit a murder
　　　　　人を殺すとはどんなことなのか

It suits the god, or destiny, to have us insufficient.
　　　　　私たち人間を至らぬものにしておくことは、神とか運命にとって都合

のよいことなのだ。

There is more at stake in Kashmir than Kashmir.
　　　　　カシミール地方の紛争はカシミールだけの問題ではなく、それ以外の地域の運命もそこにかかっている。

It was about the greatest feeling I had ever experienced.
　　　　　その快感は、大まかに言ってそれまでに味わったことがないほどすばらしいものだった。
　　　　　（第21章「英語学習の盲点」のaboutの項参照）

【252頁より】

◆次の英文を和訳せよ

　A married couple are well suited when both partners usually feel the need for a quarrel at the same time.

　　［解読］夫婦は、ご両人がたいがい同じ時に夫婦喧嘩をする必要を感じる場合、お互いに適している。

　　（中間訳Ⅰ）夫婦がよく釣り合っているのは、夫と妻がたいがい同時に喧嘩の必要を感じる場合である。

　　（中間訳Ⅱ）相性のよい夫婦とは、両者がたいがい同時に夫婦喧嘩に訴える必要を感じる夫婦のことである。

　　［決定訳］夫婦喧嘩に訴える必要を感じる時が、日頃一致している夫と妻こそ似合いの夫婦というものだ。

　　※注意点
　　　1）partners
　　　　　結婚によって「パートナー」どうしになった「夫と妻」のこ

解　答

と。「連れ合い」に相当する。

2）well suited

「よく（互いに）適している」という最初の直訳から「似合いの夫婦」という完全な慣用表現を想いつくことがこの問題文を訳す上で最重要な点である。

最初から「似合いの夫婦」という表現を思いつくことができた人は翻訳家志望者としてきわめて有望だと言える。

◆次の三つの（　）内に同一の英単語を一つ入れよ。

(1) Some are wise and some are (　　).
(2) He is noisy, but (　　) a very nice boy.
(3) I sent a letter to him ; (　　), he would have worried about me.

　　正解：otherwise

索　引

I　英語索引

（主に用例中の英語で重要なもの、大胆な意訳をなされたものなど）

【A】

A and/or B ……………… 240
a first time …………… 208
about ………………… 215
above ………………… 218
afraid ………………… 41
all along ……………… 225
all my life …………… 225
allow oneself ………… 67
along ………………… 210
around ………………… 210
as ……………… 56, 216
as if …………………… 33
at ……………………… 218

【B】

because ……………… 57
Believe me, …………… 43
below ………………… 218
beneath ……………… 219
between ……………… 95

【C】

care …………………… 256
cause ………………… 67
Coke is it! …………… 203

complete baldness …… 115
condescending ……… 257
condition …………… 253
corners ……………… 77
could have p.p. ……… 86
culture ……………… 74

【D】

did what he did ……… 33
different ……………… 36
disappoint …………… 44
disturbingly ………… 143
do ……………………… 45

【E】

enter expenditures …… 227
ever …………………… 206
extraordinary ………… 118

【F】

failure ………………… 71
faithless ……………… 73
fall in a heap ………… 141
fat chance …………… 209
favorable …………… 210
feed on ～ …………… 200
feel …………………… 31
find …………………… 50
for ……………… 209, 219
for dear life ………… 225
for one's life ………… 225
force oneself ………… 67

269

索 引

forget about ･･････････････････ 209

【G】

get onto ～ ･･････････････････ 221
give up on ･･････････････････ 209
glacier-clad ･････････････････ 188
go into the night ･････････････ 31
graceful ･････････････････････ 255

【H】

habitually ･･････････････････ 75
half ････････････････････････ 207
happen ･･････････････････････ 84
hear ････････････････････････ 31
help ････････････････････････ 32

【I】

ignorance ･･･････････････････ 200
illuminating ････････････････ 16
impatience ･････････････････ 200
impressive ･････････････････ 75, 254
in ･･････････････････････････ 34, 220
incontinence ･･･････････････ 152
insane ･･････････････････････ 90
it ･･････････････････････････ 204
It's a go. ･･････････････････ 227

【J】

know ･･･････････････････････ 79
keep ･･･････････････････････ 96

【L】

lie ･････････････････････････ 31
lingering preference ･･･････ 72

【M】

may have p.p. ･･･････････････ 86
might have p.p. ･････････････ 86

minute ･････････････････････ 148
must have p.p. ･････････････ 86

【N】

need ･･･････････････････････ 80
now ････････････････････････ 82

【O】

odd number（端数）･････････ 126
of ･･････････････････････････ 219
on ･･････････････････････････ 220
only ･･･････････････････････ 208
onto ･･･････････････････････ 221
opposite ･･･････････････････ 142
or ･･････････････････････････ 237
overwhelming ･････････････ 255

【P】

parody ･････････････････････ 99
part and parcel ････････････ 253
Peace-keeper ･･････････････ 37
preposterous ･･････････････ 257
product ･･･････････････････ 60

【Q】

quick ･･････････････････････ 85

【R】

readable ･･･････････････････ 155
Rest assured. ･････････････ 66
round number（概数）････････ 126
run over ･･････････････････ 148

【S】

second born ･･････････････ 210
see ････････････････････････ 31
single ････････････････････ 104
sit ･･････････････････････････ 31

270

stand	31
stir	93
surprise	66

【T】

that way	225
the next day	82
the way	225
they	63
thy name is 〜	68
trimming	44
turned	133

【U】

uncoil	93

【W】

watch	209
What is Kyoto like? と What is Kyoto? の違い	230
when	57
where	57
which	50
with	221
would	139

II 日本語索引

（太字の語は定義や包括的な説明がなされていることを示す。「　」つきの語は著者の造語）

【あ】

相性	123, 262
「曖昧最上級表現」	122
悪訳	159
「あげ・くれる」	232
頭から訳す技法	40
綾（あや）	93
言い換え	217
意味内容	23, 145, 199, 263
意味の音楽	109, 172
芋づる式・適訳語発見	253
意訳	66, 134
意訳を含む直訳	137
引喩	93
引喩とは何か	93
隠喩とは何か	107
「埋め込み」	176
英語学習の盲点	215
英語の「癖」	156
英語力	192
英作文	118
大づかみ訳法	189
音読翻訳法	46
音律	108

【か】

概数	126
解読	23
格とは何か	76
格の見分け方	80

索　引

過去完了 ・・・・・・・・・・・・・・・ 85, 86
過去と過去完了の区別 ・・・・・・・・ 85
片仮名英語の悪影響 ・・・・・・・・・241
カタカナ語 ・・・・・・・・・・・・・・・127
カタカナ表記 ・・・・・・・・・・・・・・128
学校英文法の欠陥 ・・・・・・・・・・・27
仮定の would ・・・・・・・・・・・・・・139
仮定法（if のつかない場合）・・・ 86
から ・・・・・・・・・・・・・・・・・・・・235
感覚動詞の省略 ・・・・・・・・・・・・・31
「関係語学」・・・・・・・・・・・・・・・・17
関係代名詞 ・・・・・・・・・・・・・・・・26
漢語表現の活用 ・・・・・・・・・・・254
間接目的前置詞 ・・・・・・・・・・・・・81
完全意訳 ・・・・・・・・・・・・・・・・・69
完訳 ・・・・・・・・・・・・・・・・・・・263
慣用句とは何か ・・・・・・・・・・・100
起承転結 ・・・・・・・・・・・・・・・・201
逆転訳 ・・・・・・・・・・・・・・・・・・・58
逆発想 ・・・・・・・・・・・・・・・・・・118
休止 ・・・・・・・・・・・・・・・・・・・・・58
虚辞 ・・・・・・・・・・・・・・・・・・・・212
緊張感 ・・・・・・・・・・・・・・・・・・・31
癖 ・・・・・・・・・・・・・・・・・156, 220
形式・形態 ・・・・・・・・・・・・・・・199
「形容詞の受動態」・・・・・・・・・・229
「形容詞の能動態」・・・・・・・・・・229
「怪我の功名」訳 ・・・・・・・・・・・150
「決断」・・・・・・・・・・・・・・・・・・・72
決定訳 ・・・・・・・・・・・・・・・27, 77
「原地主義」・・・・・・・・・・・・・・・127
原文解読 ・・・・・・・・・・・・・・・・・23
後置詞（postposition）・・・・・・・215
構文（文法構造）・・・・・・・・・・・189
構文転換法 ・・・・・・・・・・・・・・・・58
構文分析力 ・・・・・・・・・・・23, 148

構文変換 ・・・・・・・・・・・・・・・・・53
構文変換訳 ・・・・・・・・・・・・・・・・96
語感把握 ・・・・・・・・・・・・・・・・257
国語力 ・・・・・・・・・・・・・・・・・・192
「国民英語」（「国際英語」に対する
　「外国語としての英語」の意）15
語源 ・・・・・・・・・・・・・・・・・・・257
語順 ・・・・・・・・・・・・・・・・・・・・40
語順（尊重訳）・・・・・・・・・・・・・61
語勢 ・・・・・・・・・・・・・・・・・・・109
こそ ・・・・・・・・・・・・・・・・・・・235
諺 ・・・・・・・・・・・・・・・・・・・・・92
諺の翻案 ・・・・・・・・・・・・・・・・・94
ごまかし訳 ・・・・・・・・・・・・・・・151
誤訳 ・・・・・・・・・・・・・・・・・・・147
コロンとコンマ ・・・・・・・・・・・243

【さ】

再帰法 ・・・・・・・・・・・・・・・・・・・66
最上級 ・・・・・・・・・・・・・・・・・・121
サイトラ ・・・・・・・・・・・・・・・・・51
再表現 ・・・・・・・・・・・・・・・・・・140
細部 ・・・・・・・・・・・・・・・・・・・197
3 種類の文章（プラス文：マイナス
　文：中立文）・・・・・・・・・・・・・62
詞 ・・・・・・・・・・・・・・・・・・・・231
辞 ・・・・・・・・・・・・・30, 173, 215, 231
視覚化 ・・・・・・・・・・・・・・・・・・141
自己発見法 ・・・・・・・・・・・・29, 75
時制 ・・・・・・・・・・・・・・・・・・・・82
時制転換 ・・・・・・・・・・・・・・・・236
「姿勢動詞」・・・・・・・・・・・・31, 32
実質対応（ダイナミック）・・・・・・57
視点 ・・・・・・・・・・・・・・・・・・・172
自動詞訳 ・・・・・・・・・・・・・・・・・66
視訳法（サイトラ）・・・・・・・・・・51

惹句	240
洒落	102
洒落なぞ	103
修辞法	47, 68, 94
主格	35
主語	76, 238
「主語の副詞化」	77
受動態	63
主部	76
定石	49
「状態形容詞」	64
「省略的誤解」	240
序数	53
助動詞	86
「新語学」	17, 261
心象	77, 93, 94, 136
心象効果	95
心象転換	137
心象訳	131
推敲	191
数	124
数表法	125
節順	26, 40, 41
「前過去」	85
全体感覚	32, 33, 45, 58, 262
全体と細部	197
前置詞	215
前置詞と副詞の見分け方	223
前置詞を辞書で引くこつ	223
双数	123, 124
総体的意訳	137
挿入の〜say	234
「側注」	99, 176

【た】

対義	25
体言どめ	68, 232
体言どめとは何か	233
態の転換	63
代名詞	33
対訳的な翻訳術習得法	130
対訳本	129
「代理主格句」	78
多義	25
多義語	62, 209
だったら	237
他動から自動への転換	66
「多品詞語」	223, 228
段階的翻訳術	181
単語暗記法	24
単語カードによる記憶法	25
単数	122
中間項	130
中間訳	27, 150, 181, 182, 185
「中間訳」法	77
中断文	165
「中立（ニュートラル）文」	62
超意訳	137
超直訳	145
重複表現	73
超訳	175
直訳	134, 137
直訳・意訳の混合訳	137
直訳と意訳	134
「即（つ）かず離れず」	176
「提案・命令」動詞	83
適訳語	253
「です」調の文体に変化をつける一法	234
伝達内容	200
伝聞の「そう」	234
というわけ	37, 91, 202

と言えば ・・・・・・・・・・・・・・・・・ 79
動詞 ・・・・・・・・・・・・・・・・・・・・ 226
動詞由来の名詞 ・・・・・・・・・・ 96
ときたら ・・・・・・・・・・・・・・・・・ 79
としては ・・・・・・・・・・・・・・・・・ 78
としても ・・・・・・・・・・・・・・・・・ 78
「土地錯誤」 ・・・・・・・・・・・・・・・ 131
「と」という接続詞 ・・・・・・・・・・ 240

【な】

内容と形式の一致 ・・・・・・・・・・ 199
なの ・・・・・・・・・・・・・・・・・・・・ 235
なら（ば） ・・・・・・・・・・・・・ 79, 237
難語 ・・・・・・・・・・・・・・・ 203, 206
難文 ・・・・・・・・・・・ 162, 203, 211
にしたって ・・・・・・・・・・・・・・・・ 78
には ・・・・・・・・・・・・・・・・・・・・ 78
日本語化 ・・・・・・・・・・・・・・・・ 23
日本語化と日本化 ・・・・・・・・・・ 131
日本語の「癖」 ・・・・・・・・・・・・ 220
にも ・・・・・・・・・・・・・・・・・・・・ 79
人称 ・・・・・・・・・・・・・・・・・・・・ 84
「能動形容詞」 ・・・・・・・・・・・・・・ 64
「のように」の曖昧さ ・・・・・・・・ 241

【は】

「挟み打ち戦法」 ・・・・・・・・・・・・ 148
端数 ・・・・・・・・・・・・・・・・・・・ 126
端数と概数 ・・・・・・・・・・・・・・ 126
「はらはら効果」 ・・・・・・・・・・・・ 47
パラフレイズ ・・・・・・・・・ 115, 133
反語的 ・・・・・・・・・・・・・・・・・ 207
反対語 ・・・・・・・・・・・・・・・・・・ 25
「範疇概念」 ・・・・・・・・・・・・・・ 239
比喩 ・・・・・・・・・・・・・・・・ 77, 94
比喩とは何か ・・・・・・・・・・・・ 107

表現 ・・・・・・・・・・・・・・・・・・・・ 23
表現形式 ・・・・・・・・・・・・・・・ 145
表現形態 ・・・・・・・ 23, 36, 199, 263
表現形態とは何か ・・・・・・・・ 116
表現のし直し ・・・・・・・・・・・・・ 23
描出話法 ・・・・・・・・・・・・・ 87, 168
描出話法（評論文の場合） ・・・・・ 90
品詞転換 ・・・・・・・・・・・・・・・・ 71
副詞 ・・・・・・・・・・・・・・・・・・・ 224
複数 ・・・・・・・・・・・・・・・・・・・ 122
不即不離 ・・・・・・・・・・・・ 140, 176
不即不離の原理 ・・・・・・・・・・ 133
「物体名詞」 ・・・・・・・・・・・・・・・ 96
「プラス文」 ・・・・・・・・・・・・・・・ 62
分割訳 ・・・・・・・・・・・・・・・・・ 238
文化的背景 ・・・・・・・・・・・・・・ 141
文章の表情 ・・・・・・・・・・・・・・ 175
文体 ・・・・・・・・・・・・・・・ 116, 172
文法学習法 ・・・・・・・・・・・・・・ 24
文法用語 ・・・・・・・・・・・・・・・・ 28
文脈 ・・・・・・・・・・・・・・・・・・・・
　　17, 43, 46, 61, 63, 153, 200, 261, 262
文脈意識 ・・・・・・・・・・・・・・・・ 32
平衡感覚 ・・・・・・・・・・・・・ 43, 58
「平叙文」 ・・・・・・・・・・・・・・・ 174
法 ・・・・・・・・・・・・・・・・・・・・・ 87
補充訳 ・・・・・・ 34, 40, 47, 58, 94, 115
「ホトケ」は何語 ・・・・・・・・・・・ 113
翻案 ・・・・・・・・・・・・・・・ 95, 175
翻訳とは何か ・・・・・・ 13, 145, 181
翻訳の多様性 ・・・・・・・・・・・・ 117
翻訳力 ・・・・・・・・・・・・・・・・・ 182

【ま】

「マイナス文」 ・・・・・・・・・・・・・ 62
名詞 ・・・・・・・・・・・・・・・・・・・ 228

「名詞のあとの過去分詞の訳し方」
　　　　‥‥‥‥‥‥‥‥‥‥186
もじり(parody)とは何か ‥‥‥ 99

【や】

訳注 ‥‥‥‥‥‥‥‥‥‥‥ 105
訳表現 ‥‥‥‥‥‥‥‥‥‥ 59
「や」という接続詞 ‥‥‥‥‥ 240
「やり・もらい法」(*give and take expressions*) ‥‥‥‥ 30, 33, 232

【ら】

理想的な直訳 ‥‥‥‥‥‥‥ 135
律動 ‥‥‥‥‥‥‥‥‥‥‥ 108
「立文条件」‥‥‥‥‥‥‥‥ 200
「臨時休止」‥‥‥‥‥‥‥‥ 59
類義 ‥‥‥‥‥‥‥‥‥‥‥ 25
類義語 ‥‥‥‥‥‥‥‥‥‥ 62
類語 ‥‥‥‥‥‥‥‥‥‥‥ 253
類語辞典の引き方 ‥‥‥ 253, 254

【わ】

和英発想もしくは逆発想による英和
　　翻訳 ‥‥‥‥‥‥‥‥‥ 118
わけ ‥‥‥‥‥‥‥‥‥‥‥ 235
和語の活用 ‥‥‥‥‥‥‥‥ 254
和文和訳 ‥‥‥‥‥‥‥‥‥‥
　　　27, 30, 32, 34, 150, 181, 185, 187
話法 ‥‥‥‥‥‥‥‥‥‥ 82, 87

本書刊行の経緯について

あれは1年半ほど前になろうか。当時、弊社がお客様へ納品している翻訳物の日本語について、さらに磨きをかけ、製品として一層の向上ができないものかと真剣に悩んだ時期がありました。

ただ、これは弊社ひとりの問題ではなく、一昨年の（社）日本翻訳連盟主催の第11回JTF翻訳祭でも最重要テーマとなったように「英語力の養成よりも日本語の練磨」が、翻訳業界の共通課題でもあったわけです。

そこへ、経営戦略部の竹下部長から、100冊以上の翻訳のある実践家であり、しかも英語から日本語への達意な変換について10冊に余る翻訳指南書の著作をなされている中村保男先生に依頼して、先生の翻訳ノウハウを全てまとめた翻訳指南書の決定版を執筆して頂いてはどうかとの提案がありました。今まで散在して各書に開陳されている翻訳の原理・技法を集成して一書にすれば、当社の産業翻訳事業で躬行する経営理念の実現に裨益するところ誠に大きいものがあろうということで、実際、先生の既刊書を何冊か持参されました。

これらの著作を拝見して、私は問題の相当部分がこれで解消するのではなかろうかと直感しました。同時に、完成した書籍は、社内テキストとして弊社が独占するより、広く世間に公開すべきであるという使命さえ感じました。

こうした思いを直接先生にお伝えしたところ、ちょうど「新編英和翻訳表現辞典」（研究社）の執筆を予定されており、更に自分の持てる翻訳の秘訣を全て盛り込んだ翻訳指南書を完成することで、翻訳の仕事に一区切りしたいと思っていた折りでもある、とのことで幸いにも早速ご快諾を頂くことができました。

いま、こうして完成された本書を拝読すると、確かに従来にはない多くの新たな知見が相当に加筆されており、翻訳者の方々のみならず、これから翻訳を志そうとする方々にも是非ご熟読頂ければ必ずや得るところ甚大なものがあろうと確信しました。ここに広くご推薦申し上げる次第です。

最後に、この1年間執筆に没頭いただいた中村先生と、快く出版を受諾された日外アソシエーツ株式会社に深甚の感謝を捧げたいと存じます。

平成15年2月吉日

株式会社サン・フレア
代表取締役社長　笹井紘幸

株式会社サン・フレア
〒160-0004　東京都新宿区四谷4-7 新宿ヒロセビル
TEL.03-3355-1168　FAX.03-3355-1204
URL：http://www.sunflare.com

著者紹介

中村　保男（なかむら・やすお）

昭和6年東京・田村町（現・新橋）生まれ。東京大学文学部英文科卒業後、同大学院修士課程修了。以後翻訳のかたわら、慶應義塾大学、立教大学、早稲田大学、白鴎大学に順次出講。現在は翻訳家から評論執筆活動へ転身準備中。
著作に『新編・英和翻訳表現辞典』（研究社）、『日英類義語表現辞典』（三省堂）などの辞書や、『創造する翻訳』、『使えますか、この英語』（共に研究社出版）などの単行書がある。
訳書は、コリン・ウィルソンの『アウトサイダー』（集英社文庫）、『オカルト』（河出文庫）、『賢者の石』（創元推理文庫）や、G.K.チェスタトンの『ブラウン神父』シリーズ全五巻、『ポンド氏の逆説』、『奇商クラブ』、E.パングボーンの『オブザーバーの鏡』、R.シルヴァーバーグの『時間線を遡って』（以上いずれも創元推理文庫）、R.D.レインの『レイン わが半生』（岩波文庫）など多数。
また共編書に福田恆存『日本への遺言』（文春文庫）、英訳書にWords, Novels, and Drama（福田恆存『批評家の手帖』私家版がある。

英和翻訳の原理・技法

2003年3月25日　第1刷発行
2007年2月26日　第2刷発行

著　　者／中村保男
企画・制作／竹下和男（株式会社サン・フレア）
発　行　者／大高利夫
編集・発行／日外アソシエーツ株式会社
　　　　　〒143-8550　東京都大田区大森北1-23-8　第3下川ビル
　　　　　電話(03)3763-5241(代表)　FAX(03)3764-0845
　　　　　URL　http://www.nichigai.co.jp/

©Yasuo Nakamura 2003
電算漢字処理／日外アソシエーツ株式会社
印刷・製本／光写真印刷株式会社

不許複製・禁無断転載　　《中性紙H-三菱書籍用紙イエロー使用》
〈落丁・乱丁本はお取り替えいたします〉
ISBN978-4-8169-1767-7　　　　Printed in Japan,2007